BIBLIOTECA
**ELÍAS
PINO
ITURRIETA**

[5]

Edición exclusiva impresa bajo demanda por CreateSpace, Charleston SC.

© **Editorial Alfa, 2009**
© **alfadigital.es, 2016**

Reservados todos los derechos. Queda rigurosamente prohibida, sin autorización escrita de los titulares del Copyright, bajo las sanciones establecidas en las leyes, la reproducción parcial o total de esta obra por cualquier medio o procedimiento, incluidos la reprografía y el tratamiento informático.

Editorial Alfa
Apartado 50304, Caracas 1050, Venezuela
Telf.: [+58-2] 762.30.36 / Fax: [+58-2] 762.02.10
e-mail: contacto@editorial-alfa.com
www.editorial-alfa.com

ISBN: 978-980-354-281-8

Diseño de colección
Ulises Milla Lacurcia

Diagramación
Rocío Jaimes

Imagen de portada
Retrato de mujer (sf), de Pedro Antonio
Óleo sobre tela (83,3 x 62,3 cm).
Fundación Museos Nacionales
Colección Museo de Bellas Artes
Centro de Documentación del Museo de Bellas Artes

Fotografía del autor
Efrén Hernández

Corrección
Roberto Lovera De-Sola
Magaly Pérez Campos

Printed by CreateSpace, An Amazon.com Company

ELÍAS PINO ITURRIETA

VENTANERAS Y CASTAS, DIABÓLICAS Y HONESTAS

Editorial ALFA

ÍNDICE

Sobre la nueva edición 7
Introducción 13

El discurso de la castidad 19
    El vicio que hace más guerra 19
    El encanto letal de las mujeres 30
    Nuevas fórmulas contra la serpiente 34

Flaquezas y deberes de Eva 43
    Tontas, chifladas y livianas 43
    La arremetida de los laicos 48
    Repertorio de obligaciones 56

Contra la mala vida 71
    El santo matrimonio 71
    Cuando el diablo es el sastre 88
    Niña: no bailes, ni leas 97

Los clérigos con Venus 107
    La batalla de los santos 107
    Por el voto de castidad 111
    Cachondos hombres de iglesia 119

Desfachatez y epílogo 137

Fuentes 147

SOBRE LA NUEVA EDICIÓN

La primera edición de *Ventaneras y castas, diabólicas y honestas* sucedió en 1993. Tal vez fuese de las pioneras en el estudio de las mujeres a través de la historia del país y una contribución inicial desde la perspectiva de la investigación de mentalidades. Junto con un volumen colectivo que entonces coordinó Ermila Troconis de Veracoechea (*La mujer en la Historia de Venezuela*, Caracas, Editorial Arte, 1995), quizás abriera caminos hacia una superficie apenas visitada por los historiadores.

Ya se dejó entonces de buscar a unas pocas señoras importantes –matronas de la aristocracia que abandonaban la comodidad para aproximarse a la república, famosas amazonas de la guerra de Independencia y de la Federación, damas tocadas por las musas e hijas de familia a quienes convocaba el demonio de la política cuando despuntaba el siglo XX, para abordar el asunto mediante interpretaciones panorámicas y masivas que apenas se insinuaban.

Esa búsqueda de análisis globales a cuyo contenido no escapasen las vicisitudes de la mujeres sencillas, sus relaciones con la legalidad y con la economía, su participación en partidos y sindicatos, en la evolución de la cotidianidad, de los procesos educativos y de los caprichos de la moda; diferentes épocas, desde la colonia hasta la actualidad, junto con textos sobre figuras emblemáticas de un género desatendido hasta entonces, ya muestra un repertorio de contribuciones que obligan a la consideración de los estudios referidos antes como la apertura de un campo de trabajo que se ha labrado después con asiduidad y fortuna. Hoy la bibliografía sobre el tema es abundante y plausible, hasta el extremo de llenar un catálogo que no se puede detallar ahora.

Tal vez la imperfecta nómina que sigue demuestre cómo se ha abonado la parcela por autoras de obras muy dignas de atención: Mirla Alcibíades (*La heroica aventura de construir una república*), Antonieta De Rogatti (*Separación matrimonial y su proceso en la Colonia*), Rosalba Di Miele (*El divorcio en el siglo XIX venezolano*), Gioconda Espina (*Psicoanálisis y mujeres en movimiento*), Marianela Ponce (*De la soltería a la viudez*), Inés Quintero (*Mirar tras la ventana; La palabra ignorada* y *La criolla principal*) y Sheila Salazar (*Mirar tras la ventana*, también); mientras Adícea Castillo, Dora Dávila, Rosa del Olmo, Milagros Socorro, Ana Vergara y Alex Zambrano escribían monografías harto meritorias. Si se agrega la creación del Centro de Estudios de la Mujer en la Universidad Central de Venezuela, con revista especializada y promoción de eventos relacionados con el objeto de su atención, se pueden colegir la riqueza y la variedad de las novedades.

La tesis doctoral del joven investigador Emad Aboassi (*Vida cotidiana durante la Guerra Federal*), todavía inédita, recoge documentos capaces de enfrentar la versión en torno a las miradas herméticas de la mujer que machaca nuestra sociedad del siglo XIX, y sobre las cuales abunda el libro que ahora reaparece. No llegan tales documentos a sostener una interpretación diversa, ni a echar por tierra la hipótesis dominante, pero sugieren la alternativa de una apertura que no se observa en la crítica de las *ventaneras* y las *diabólicas* con cuyos pasos topará el lector. Pero recogen materiales a través de los cuales se observa la reacción de las féminas frente a la coyunda que se les ha impuesto en el siglo XIX, fenómeno debido al cual se puede pensar en cómo ellas abren la ruta de la liberación mientras predomina el entendimiento ortodoxo de su vida.

Veamos, por ejemplo, la *Contestación* de «una jovencita caraqueña» frente a un texto publicado por *El Heraldo* en 15 de mayo de 1861. Dice así:

> Es para la mujer el hombre imán / Su esperanza, su dicha, su consuelo /Su vida le tributa y su desvelo / Pues ángel le supone y no sultán. / Víctima del error sigue a su Adán: / Se arroja entre sus brazos sin recelo; / Y unión sacramental juran al cielo / Soñando con el bien que apurarán. / Mas el hombre fugaz, terco, grosero, / Creyendo a la mujer infiel e ingrata / Abusa del poder y se hace fiero. / ¡Oh débil sexo a quien la fuerza falta! / Tu caudillo tenaz, cruel y severo / Te aflige, te aniquila, te maltrata.

La «jovencita caraqueña» no propone una rebelión, pero dice en la prensa unas cosas que desentonan con el discurso oficial, verdades que apenas se ventilan infructuosamente en el tribunal eclesiástico para que permanezca el reino de los sultanes.

También se producen reacciones colectivas que destacan por su énfasis, como la de un grupo de ofendidas lectoras de *El Monitor Industrial* en 1859, a quienes el redactor, un señor Carmona, quiso burlar por sus estúpidas maneras de escribir una correspondencia de carácter íntimo. Vale la pena recoger su respuesta:

> Las señoritas de los salones de Caracas damos a U. las gracias por haber insertado en su periódico una carta que dice escrita por una señorita a su amante. Debe saber el Sr. Carmona que para imitar o fingir es necesario mucho talento, de que carece el autor, pues no es verosímil que la persona más ignorante atine a errar en todas las palabras, poniendo en todas ellas una letra por otra, como lo ha hecho para zaherirnos. Sepa U., señor Monitor, que la mayor parte de nosotras podemos darle lecciones de gramática, de retórica, de buen gusto, y sobre todo de discreción y tino, cualidades de que U. y todos sus

colaboradores carecen. Aconsejamos a *El Monitor* que se muera de repente, para tener el gusto de asistir a su entierro, vestidas de gala.

Estas estupendas letras registradas por Aboassi prueban que una de las heroínas de nuestras páginas, la altiva Eulogia Arocha, quien hará su aparición cuando termine el libro, no andaba sola por la ciudad en la defensa de sus derechos.

Su investigación también incluye testimonios sobre la participación de la mujer en las guerras civiles, evidencia de la cual, entre otras, es una crónica de *El Noticioso* de Nueva York que traduce *El Heraldo* de Caracas en 29 de marzo de 1860 bajo el título de «Venezolanas heroicas». Dice la crónica:

> Ha llegado ya al conocimiento de todos la defensa verdaderamente heroica que hizo el Sr. Comandante Meléndez del pueblo de Maracay, desplegando un valor, una pujanza que le han colocado junto con los suyos a la altura de los denodados adalides de nuestra Independencia; pero lo que más de notable se hizo en este combate de 30 horas, lo que llama notablemente la atención, es la conducta que en medio del peligro observaban las señoras y señoritas de aquel pueblo. Congregáronse todas en el cuartel y pidieron al Jefe de la plaza que, imitando al Mártir de San Mateo, hiciese saltar el refugio donde se acogían, si los federales llegaban a ganar la contienda. En consecuencia, prepuráronse para el efecto muchos barriles de pólvora, y aquellas matronas, aquellas vírgenes, con la frente altiva y el corazón sereno, aguardaban sobre la pira la muerte o la vida, esas 30 horas de ansiedad, durante las cuales corrían mil riesgos y recibían los insultos y las amenazas de los enemigos de la propiedad, del orden y de la virtud, ¡cuán largas serían para aquellas heroínas!

Con lo que pueda tener de exageración y de tendencia propagandística, la descripción remite a un teatro inexplorado en el cual no debió ser flaco el protagonismo del género femenino.

De lo expuesto se deducen los progresos de la historiografía venezolana, dispuesta a trabajar los pormenores de las vetas del pasado sin conformarse con esfuerzos iniciales, orientada hacia los hallazgos que la vocación de sus miembros solicita sin pausa. *Ventaneras y castas, diabólicas y honestas* fue una parte de la primera estación de un recorrido capaz de llegar a metas de entidad, sin pensar en detenerse. Desde esa cualidad vuelve ahora, no sólo con la esperanza de despertar interés, como lo hizo en 1993, sino también con la confianza de que lo que entonces se escribió no fuera trivial. Pero eso lo juzgarán los lectores, en cuyas manos queda de nuevo.

Elías Pino Iturrieta
Caracas, 24 y 25 de julio de 2009

INTRODUCCIÓN

Parece lógico pensar que la Iglesia venezolana adopta una posición flexible sobre la mujer durante el siglo XIX, en comparación con el periodo colonial; no en balde ocurren entonces conmociones como la Independencia, las guerras civiles y la instauración de un régimen liberal-laico. Tales sucesos, por lo menos en el aspecto programático, se orientan hacia la democratización de la sociedad. Según es plausible suponer, los voceros de la confesión tradicional no pueden permanecer impermeables ante los anuncios de mudanza hechos desde 1810. Se puede pensar en cómo, ante los discursos de transformación, la administración eclesiástica va aflojando las cadenas impuestas a las compañeras de Adán. Sin embargo, una cosa sugiere la lógica y otra la realidad.

Las leyes de la república liquidan los principios simétricos de la colonia, que establecían un lugar específico y estable para cada miembro de la sociedad: el grande y el pequeño, el rico y el pobre, el noble y el menestral, el público y el privado, el hombre y la mujer, estaban obligados a permanecer por siempre en un mismo orden cuya disposición reflejaba la armonía orquestada por Dios para la vida de sus criaturas. A partir de la Independencia, tal orden comienza a desaparecer en la letra de las regulaciones positivas, mas también como resultado de las mutaciones provocadas por las guerras después de 1830. A la mujer, quien ocupaba una plaza de dependencia y estrechez en el libreto de la rutina antigua –hasta el extremo de quedar confinada a la sección más privada de la vida privada— las leyes y las luchas le muestran la posibilidad de una metamorfosis. ¿Participa la Iglesia de ese sugestivo teatro, capaz de atraer a la mujer?

Ciertamente no conoce el siglo XIX prelados tan ásperos como fray Mauro de Tovar, o como Diego Antonio Díez Madroñero, ni amenazas episcopales de cárcel, ni órdenes de tortura, ni penas de excomunión contra las féminas descarriadas. Sin embargo, la Iglesia no abandona el mensaje del tradicionalismo según el cual la mujer debe mantenerse a raya dentro del marco de la creación. Para los obispos y para los buenos sacerdotes de la Venezuela republicana, la mujer ya no es vasallo del rey, pero es súbdito de unos cánones contradictorios que la consideran verdugo y víctima de los cristianos, turbulencia y presa del mundo, ángel y demonio por naturaleza, claridad y enigma del universo, virtud y mácula, fortaleza y debilidad a la vez. Si los tiempos han cambiado, persiste la noción que la aprecia como criatura que se debe controlar de manera puntillosa; como espécimen *sui generis* obligado a una tutela gracias a la cual no cometerá los excesos a que la destina su peculiar levadura, ni caerá en el abismo de la mundanidad.

Gracias a una lectura tan ambivalente, la Iglesia prosigue el ejercicio de un control de la conducta femenina con el objeto de impedir su intromisión en el mundo; pero, al unísono, procura escudarla de los riesgos con que ese mundo la amenaza. A decir verdad, no sólo la Iglesia observa esta actitud. No pocas veces la acompaña en su papel de fiscal y protector la sociedad gobernada por los hombres. Sin embargo, en los documentos que provienen de la fuente religiosa permanece la actitud propia del período colonial, orientada hacia un confinamiento extremo de la hembra en el ámbito de la convivencia. Las diferencias que se pueden observar en relación con el pasado son superficiales.

Aunque la Iglesia comienza a perder su antiguo influjo, no cambia de posición frente a la hija perversa e inocente. Ella es la misma transgresora de antes y, por consiguiente, continúa atada a las amarras de antes. Pero como también es idéntica a la feligresa que en el pasado sufría los embates del mundo, debe igualmente recibir la protección institucional. La santa madre suaviza poco a poco el estilo de las reconvenciones, busca mecanismos sutiles para divulgarlas, pero las mantiene en su médula como en el período hispánico. Así como cobijó a las vírgenes de las tentaciones del siglo cismático y de los desvaríos del siglo ilustrado, hoy las ampara de los riesgos de la centuria liberal.

En la aludida variación de estilo, se debe considerar el límite impuesto por los regímenes civiles a la potestad espiritual, cuya jurisdicción aparece ahora disminuida. De allí la búsqueda de formas diversas para penetrar la vida, susceptibles de guardar el terreno que ahora les disputa el gobierno en el control de la gente sencilla. De allí el énfasis que pone en el apartamiento de la mujer ante el enemigo mundo, el cual no sólo traduce una alternativa de extravío para las hijas de Dios, sino también un reto para la privanza del credo tradicional.

Como ya se señaló, el discurso eclesiástico maneja dos valencias en el tratamiento del tema femenino: pecado y virtud, debilidad y fortaleza agrupados en curiosa argamasa. Sin embargo, la plataforma del argumento radica en el señalamiento de la lujuria como motor de la conducta femenina y, por consiguiente, como elemento digno de particular atención. La mayoría de los mensajes encuentra en el enfrentamiento de la lujuria con la castidad la desembocadura del drama que más incumbe a la Iglesia y a los fieles. Desde diversos costados y a través de diversos nexos, los ejemplos, los instructivos y las cartas pastorales terminan en la execración de la lascivia y en la apología de la pureza, a través de un círculo que se inaugura y se clausura en la mujer.

Tal insistencia contrasta con la actitud de numerosos eclesiásticos, quienes se convierten en protagonistas del tráfico escabroso que condena la cátedra de la fe. Pecadores escandalosos, señores de barraganías postineras, modelos de incontinencia y perversión, se burlan impunemente del sexto mandamiento frente a los ojos del rebaño para provocar así la persistencia de un mensaje de doble contenido que debió determinar la mentalidad de entonces. En efecto, mientras se predica contra los deleites del sexo, los ministros del altar, en crecido número, se refocilan con hembras a lo largo del territorio nacional. Mientras los prelados condenan la concupiscencia, son cautos a la hora de castigar el pecado de sus diocesanos. Al amparo de esta duplicidad se debieron modelar marcados rasgos de comportamiento en el contexto epocal.

La permisividad de la jerarquía ante la transgresión de los religiosos llama la atención, si se coteja con el catálogo de deberes que adjudica a la mujer. Entonces la manga ancha deviene guante de hierro, debido a que llega al extremo de colocarla como eje de cuya conducta depende la suerte colectiva. Ciertamente la abruma a través de una ordenación de obligaciones de madre, de compañera solícita, de cimiento social y de persona devota que la colocan en una situación rayana en la servidumbre.

De seguidas se verán con mayor pausa los asuntos comentados, en un escrito que se pensó al principio como parte de un volumen colectivo sobre la historia de la mujer en Venezuela desde el período prehispánico. El libro se encargó a un grupo de colegas por el Congreso de la República gracias a una iniciativa de la diputada Ana Lucina García Maldonado, quien encontró los recursos económicos para la investigación. Bajo la coordinación de Ermila Troconis de Veracoechea, la labor se cumplió entre todos con puntualidad, tras la intención de ofrecer un primer aporte sobre un asunto que permanecía sin el debido tratamiento. Después de redactar unas setenta páginas sobre la parcela de mi asignación –curas y mujeres en el siglo XIX– en atención a los datos que no pude incorporar y a la necesidad de profundización nacida del primer acercamiento, con la licencia de la promotora del referido volumen he emprendido la aventura de aumentarlo y editarlo en solitario.

Desde hace tiempo he venido insistiendo en la necesidad de mirar con ojos diversos el siglo XIX, en la etapa posterior a las guerras de Independencia. Los sucesos ocurridos en su lapso se han observado, en general, con unilateralidad y miopía. Pero, sobre todo, se han subestimado hasta el punto de verlos como prenda de una sociedad perdida en un tremedal de mediocridad y sinvergüenzura que traicionó el designio de los próceres. El análisis que ahora comienza pretende ver a ese tiempo desde perspectivas diversas, sin alarma por los dislates que supuestamente ocurrieron entonces, sin sonrojos tontos por los pretendidos defectos de los antepasados que fabricaron a Venezuela cuando culminaba la epopeya de la emancipación y la comarca no estaba abonada todavía por los hidrocarburos. Ojalá sirva de algo en la empresa de cambiar la lectura sobre el pasado inmediato.

Las páginas que vienen de seguidas no hablan de asuntos políticos, pues ni se ocupan de las guerras civiles ni de los gamonales y los letrados. Quieren mostrar un poco de lo que podían sentir las personas corrientes ante las cosas corrientes de la vida, mientras ocurrían los fenómenos preferidos por la historiografía tradicional. Ensayan una aproximación a un asunto subestimado, pese a lo mucho que nos incumbe desde las perspectivas individual y social: cómo vio a nuestras abuelas la institución más antigua e influyente de Venezuela y cómo la acompañaron nuestros abuelos en la observación. Sólo intentan la reconstrucción de un fragmento de la vida anterior desde el prisma de la investigación sobre mentalidades, a través de la presentación de las líneas matrices de un discurso institucional proveniente de la ortodoxia que se ajusta a las solicitudes del tiempo para mantener vigencia. A la vez inician, en la medida de lo posible, la exploración del influjo de tal discurso en la vida cotidiana. Acaso el examen de sus peculiaridades y el conocimiento de las conductas que suscita nos ayuden a explicar cómo se reacciona en nuestros días frente al permanente e imprescindible asunto de las mujeres, negocio más importante que las batallas campales, que la vida de los caudillos y que la propia distribución de la riqueza.

El interés de Ramón J. Velásquez hizo que el texto llegara a las prensas con la necesaria autorización de la diputada Ana Lucina García Maldonado. Ermila Troconis de Veracoechea leyó los originales y me propuso ideas que los enriquecieron. El padre Hermann González Oropeza me ayudó con sugerencias y con el aporte de documentos que reposan en el Instituto de Investigaciones Históricas de la Universidad Católica Andrés Bello. Rafael Fernández Heres me apoyó con comentarios sobre sucesos eclesiásticos y con bibliografía especializada. Pedro Enrique Calzadilla fue mi eficaz asistente de investigación. Con todos la deuda es inmensa.

EL DISCURSO DE LA CASTIDAD

Una de las fuentes que refleja con mayor fidelidad la posición de la Iglesia en torno a la castidad es la *Reformación Cristiana*, del jesuita español Francisco de Castro. Libro de amplia circulación en Venezuela a lo largo del siglo XIX, se recomienda con frecuencia desde el púlpito, se hace leer en las escuelas cristianas y se sugiere como guía para los jóvenes candidatos al matrimonio[1]. Su férrea posición ante el pecado de la carne caracteriza el mensaje del clero nacional. De allí la conveniencia de examinar algunas de sus facetas, antes de enfrentarnos a las maneras desarrolladas por la Iglesia venezolana ante el rol individual y social de la mujer.

EL VICIO QUE HACE MÁS GUERRA

En efecto, para el jesuita la lujuria es el aprieto mayor del género humano. Veamos cómo la considera en sentido genérico:

> Este vicio de la lujuria es el que más guerra hace a los descendientes de Adán, desde que les apunta el bozo hasta la sepultura; y aunque el demonio echa muchas redes en el mar de este mundo para pescar

---

[1] Francisco de Castro (1853). El texto aparece en la *Propaganda de Lecturas Gratuitas* que usualmente circula en la Caracas de 1885, hoja que contiene el catálogo de la Librería Católico Literaria de Miguel Tornell y Olmos. El *Boletín de Avisos*, de Rojas Hermanos, también anuncia su venta.

a los hombres, ninguna es tan grande, ni de mallas tan menudas, como la de este vicio que con todos tiene entrada, y se asienta muy de asiento, como grande entre los grandes, y se cubre, y se descubre entre príncipes y reyes; siendo cómplice de graves delitos, y de muertes repentinas y desastradas[2].

A continuación, el riguroso sacerdote enumera las consecuencias de la lujuria. Son ellas:

[...] ceguedad de entendimiento, inconsideración, amor desordenado de sí mismo, precipitación, olvido de Dios, afición a las cosas de esta vida, y aversión y horror de la venidera, sin jamás tener paz ni quietud los que adoran y siguen a esta gran bestia de la sensualidad por el amor de este mundo[3].

Pero no sólo perjudica las facultades del alma, sino también las funciones corporales y aun los bienes de la fortuna:

[...] debilita las fuerzas, amortigua la hermosura, desflora la juventud y quita el aliento y la salud. De él [pecado de la lujuria] se hacen los dolores de los pies, los vahídos de cabeza, los males contagiosos, feos y asquerosos; las muertes súbitas y tempranas, la pérdida de la hacienda [...][4]

Estamos, pues, ante la infracción más peligrosa del género humano, debido a que produce desarreglos espirituales y corporales, provoca bancarrota material, induce a faltas de otra índole y divorcia a las criaturas de Dios. Pero veamos ahora cómo sugiere su combate por las mujeres. Guiándose por las instrucciones que da San Gerónimo a una casquivana, llega a ordenar:

---

2   *Ibídem*, p. 151.
3   *Ídem*.
4   *Ibídem*., p. 165.

> Córtense los cabellos que por vanagloria dieron ocasión de lujuria; háganse los ojos fuentes de lágrimas, porque miraron al hombre con malicia; pierda el rostro su color, tez y hermosura, pues con ella fue deshonesto; castíguese todo el cuerpo con ayunos, disciplinas, silicios y otras asperezas, pues tan mal se aprovechó de su gentileza y gallardía; el corazón se derrita como cera, llorando su caída [...][5]

A grandes males, grandes remedios. Los consejos se dirigen a la mujer que ha pecado, pero calzan igualmente en aquellas que todavía mantienen la castidad. El desarreglo y la mortificación del cuerpo, el aislamiento y la moderación son el camino de la pureza, según el padre Castro. Porque,

> ¿Y quieres tú ser casta rizándote, componiéndote, pintándote el rostro, regalando tu cuerpo con holandas y sedas, llenando tu estómago de regalos y exquisitos manjares, y preciosos vinos, derritiéndote el corazón con la afición, que te le tiene robado, y en medio de las ocasiones, risas y conversaciones, que son las madres de infames caídas? No lo creas; si no te mortificas, no serás honesta; y si no haces penitencia, te caerás cuando más segura estés[6].

Como se puede ver, la proposición del custodio de la pureza no es otra que el enclaustramiento. De seguirse al pie de la letra, tendrían las mujeres que fundar una suerte de convento nacional que las librara del culto a Venus. De acuerdo con el argumento, ni siquiera estaban permitidas las salidas al postigo.

> ¿Doncella ventanera y casta? ¿Mujer callejera y honesta? Dificultosamente; que por eso los caldeos y romanos llamaban a las

---

5   *Ibídem.*, p. 154.
6   *Ibídem.*, p. 155.

> mujeres andariegas [...] Las mercaderías que están por muestra en las tiendas, valadíes [sic] son, manoseadas están, y sucias de polvo, y de moscas, y a peligro de que se las hurten; las ricas en los cofres guardadas[7].

En el discurso se reitera la presentación del mundo como fuente de perdición. Pero no deja de abocetar las características de la mujer pecadora en sí, muestra genuina del pecado original que se asocia a los vicios ofrecidos por el entorno. Si tal noción no se recalca cabalmente en los fragmentos examinados, queda patente en lo que sigue. Afirma, en efecto, el padre Castro:

> [las mujeres] son de fuego, y el hombre heno, y estopa [...]; porque verlas hiere el corazón, oírlas lo atrae, hablarlas lo inflama, tocarlas lo incita, y comunicarlas lo pervierte: el mirar de la mujer, dice San Nilo, es saeta enarbolada, arrojada de un fuerte brazo. Más sano consejo es para el hombre llegarse al fuego, que a la mujer, porque quemado del fuego, se desviará, y abrasado de la mujer se llegará más; como las plantas y flores crecen junto a las aguas, así los deseos lascivos junto a la mujer: y San Bernardo dice que tiene por mayor milagro estar en compañía de una mujer y no caer, que resucitar un muerto[8].

Por consiguiente, aun los varones más fuertes debían cuidarse del femenil influjo. No en balde:

> Alejandro Magno nunca quiso ver a las hijas de Darío, y las veces que se vio obligado de hablarlas, tuvo sus ojos bajos puestos en el suelo; y preguntado de sus validos por qué no las miraba siendo tan hermosas, respondió: Por eso, y porque hacen mucho mal a

---

7   *Ibídem*, pp. 162-163.
8   *Ibídem*, p. 167.

quien las mira, y porque no es razón que [...] quien cautivó varones esforzados, quede cautivo de mujeres flacas[9].

El ejemplo es un eficaz intento pedagógico, con el objeto de ilustrar sobre los peligros de la mujer. Su posibilidad de perder a los hombres es tan evidente, según el episodio, que puede provocar el extravío de un individuo tan portentoso como Alejandro. A su vez, sabedor de los ardides ocultos en el cofre de la belleza femenina, el hombre superior, el conductor de los hombres, se guarda de ser heno del fuego abrasador. Si esto hace el conquistador frente a las herederas de su prisionero, ¿qué no tocaba a los cristianos ordinarios, más flacos e incautos? ¿Acaso no eran las señoritas del vecindario tan peligrosas como las descendientes del rey de Persia?

El libro del padre Castro, editado en 1853, no se aparta un milímetro de otras obras de contenido semejante publicadas durante el período colonial. Por ejemplo, veamos cómo se identifica con la enseñanza de una obrita que tuvo millares de lectores en 1726. Se trata de *Estragos de la lujuria y sus remedios conforme a las divinas escrituras y Santos Padres de la Iglesia,* escrita por fray Antonio Arbiol, misionero que llega a ser calificador del Santo Oficio y obispo electo de Ciudad Rodrigo. Debido a la sencillez de su mensaje, su libro tiene más tarde nuevas ediciones dirigidas al público masivo. Todavía en 1897 se difunde desde la diócesis mexicana de Michoacán, porque se juzga adecuado para el combate de los pecados en el preludio del siglo XX[10].

En relación con las consecuencias de la incontinencia, Arbiol va al grano con aterradores detalles:

---

9   *Ibídem*, pp. 156-157.
10   Para este punto, véase: Elías Pino Iturrieta (1992), que estudia el texto para analizar problemas referidos al siglo XVIII.

[...] la carne enflaquece, el color cambia, el semblante queda habitualmente pálido, un círculo plomizo bordea el párpado inferior; la mirada pierde su expresión y reviste a menudo un carácter sensible de languidez, de inmovilidad y estupor; las digestiones acaban por desarreglarse; la apetencia disminuye; el trabajo digestivo es lento, penoso, con alternativas de constipación, de diarreas y de cólicos. Las fuerzas, agotadas por una parte y por otra mal reparadas, no pueden sostenerse; el ejercicio, tan natural y apetecido de los jóvenes, se hace menos fácil y atractivo; [...] El carácter va también cambiando: tórnase desigual, triste, irritable, fastidioso, tímido, vergonzoso, sombrío y pusilánime; las facultades intelectuales, y en particular la atención, la memoria y la imaginación, padecen considerablemente, debilitándose o depravándose del mismo modo las morales y las afectivas[11].

¿Quién es, según Arbiol, el responsable de este atentado contra la salud física y psíquica de la feligresía? La mujer. Por consiguiente, se hace preciso guardar prevenciones frente a ella. Cristiano, exclama el Calificador del Santo Oficio:

Guárdate de la mujer inquieta y lujuriosa; porque te engañará con sus halagos venenosos y te perderá. Con sus palabras dulces te llevará encantado, y con sus profanos adornos enredará tu alma[12].

Más adelante califica a las mujeres de «más amargas que la muerte»[13], de «ruina del pueblo cristiano»[14], de «cazadoras que arman lazos y grillos para coger a los hombres»[15]. Su peligrosidad estriba en lo expedito del sendero que tienen para

---

11 Antonio Arbiol (1897), pp. 131-132.
12 *Ibídem*, p. 36.
13 *Ibídem.*, p. 37.
14 *Ídem.*
15 *Ídem.*

hacerse de la presa. Gozan de libertad con el objeto de provocar el pecado.

> Vemos a cada paso por las calles a las mujeres torpes y desenvueltas escandalosamente arruinando [...] estas malditas y diabólicas mujeres, con sus colas y calzados levantados, y adornos escandalosos, arrebatan para el infierno a innumerables hombres. Con la provocativa desnudez del seno, mostrando la cerviz, garganta, hombros y brazos, se hacen maestras de torpeza y de lascivia [...] el pie sacado, resaltadas las formas y enhiesta la cabeza, parecen culebras venenosas[16].

De allí que San Efrén en sus sermones, según el autor, las considere «naufragio en tierra firme, negocio del diablo, tesoro de inmundicia, horno encendido, hospedaje de lascivia y oficina de los demonios»[17].

Tan abominables engendros, concluye Arbiol, han causado catástrofes que comprueban la experiencia sobre sucesos políticos indiscutibles. Así, por ejemplo:

> Más de setecientos años fue España oprimida de los moros y sarracenos; y esto se originó, dice el docto Mariana, por haber visto el rey D. Rodrigo a Florinda, hija del Conde D. Julián, desde un balcón de su real palacio en su jardín desabrochado el pecho. Con este motivo se cometió el torpe delito que fue la causa de la perdición de esa católica monarquía[18].

Cita también un estrambótico caso referido a la historia de Alemania. Es el siguiente:

---

16 *Ibídem*, pp. 184-185.
17 *Ídem*.
18 *Ibídem*, pp. 53-54.

Ciento y setenta años antes que entrase en Alemania la heregía del maldito Lutero, se lo profetizó el iluminado doctor Juan Taulero, como se refiere en su maravillosa vida, donde se dice que la causa principal de tan horrendos castigos espirituales fue la torpe desnudez de las mujeres profanas[19].

El sexo femenino, pues, no sólo conduce hombres a carretadas hacia las candelas del infierno, sino que también es responsable, entre otras cosas, de fenómenos como el califato de Córdoba y el cisma protestante. En consecuencia, ante su proximidad, el cristiano tiene la obligación de reprimir el deseo de la carne a través de la guarda de los sentidos y, en caso de necesidad, mediante la mortificación del cuerpo: «Al siervo malévolo, tortura y grillos», lee Arbiol en *Eclesiastés*[20].

Pero la persecución del «siervo malévolo» no puede depender únicamente de la voluntad del cristiano. Es más flaca de lo deseable para enfrentarse a la lujuria. Por consiguiente, la Iglesia se ocupa del asunto a través del sacramento de la penitencia. Los clérigos utilizan el confesonario como oficina para detener la influencia del mal que no puede evitar la debilidad de los hombres. Mas no se trata de una oficina cualquiera, sino de una especie de pertinaz comisaría que realiza despiadados interrogatorios al penitente con el objeto de ejecutar las órdenes del sexto mandamiento. El manual de confesiones del padre Corella, usado en Venezuela entre la segunda mitad del siglo XVIII y las primeras décadas del siglo XIX, es una elocuente evidencia de cómo los lavadores del pecado, inspirados en su lectura, se podían transformar en rigurosos inquisidores de la conducta cotidiana sin necesidad de resucitar los procedimientos penales de otros tiempos.

Así encontramos en el ejemplar de Corella, cuya consulta se sugería a los religiosos en el caraqueño Oratorio de San

---

19 *Ibídem*, p. 53.
20 *Ibídem*, pp. 211-212.

Felipe Neri, la siguiente manera de ilustrar el método contra los pensamientos inhonestos:

> C. Quantos [pensamientos inhonestos] havrán sido?
> P. Padre, hanme ocurrido tantos, que no será fácil pueda decir los que havré consentido.
> C. Quantos tendría cada día, un día con otro, poco más, o poco menos.
> P. Tendría cada hora tres, o quatro, poco más, o menos.
> C. Y de ellos tres, o quatro, quantos serían los concebidos plenamente, con plena advertencia?
> P. Serían cada hora uno, una hora con otra[21].

Como se observa, el interrogatorio pretende desembocar en la precisión de un inventario de las inclinaciones lujuriosas medianas y completas que pudieron pasar por la cabeza del penitente, esto es, de simples intenciones o deseos que no se traducen necesariamente en hechos cumplidos. Cuando el pecador pasa de la fantasía a la realidad, la inspección es más acuciosa. Así ocurre en el caso del adulterio, sobre el cual se procura dirigir la averiguación según la manera que viene de seguidas:

> C. Y dígame, demás de los actos, tuvo V.M. con esta persona, ósculos y tactos impúdicos?
> P. Si, padre, siempre que tenía acceso con ella.
> C. No pregunto de estos, porque los tactos y ósculos ante o post copulam son concomitentes a ella, y no añaden distinto pecado [...] Sólo pregunto, si en ocasiones distintas de los actos tuvo V.M. estos tactos y ósculos.
> P. Si, Padre, muchas veces.
> C. Y entonces deseaba V.M. el acceso?
> P. Si, Padre, y por no haver oportunidad no llegaba a ello.

---

21 Jaime de Corella (1751), p. 87.

> C. Pues ya en su deseo cometía V.M. adulterio. Y en esos tactos, tenía V.M. polución?
> P. Si, Padre, las más veces.
> C. Y quantas veces serían con polución, y quantas sin ella?
> P. Padre, en estos tres años muchas, y yo no me podré acordar.
> C. Y podrá acordarse, quantos actos tendría con la tal persona?
> P. Padre, cierto, que no es posible [...]
> C. Y, dígame, estando a solas, solía acordarse de las torpezas que cometió con esa mujer?
> P. Si, Padre, muchas veces.
> C. Y era con polución?
> P. Padre, algunas veces.
> C. Y entonces, tenía V.M. deseo de pecar realmente con ella? [...] Y dígame V.M., que quando usaba de su propia mujer del matrimonio, solía acordarse de la otra?
> P. Si, Padre, muchas veces.
> C. Y tenía entonces deseo de pecar con ella, o sólo servía esta recordación para deleytarse más?
> P. Sólo para la delectación tenía ese pensamiento[22].

Si ateniéndose a tal modelo debían proceder los confesores frente al adulterio, podrá imaginar el lector las propuestas de Corella para obtener noticias sobre asuntos como rapto, estupro, masturbación, incesto, sacrilegio y homosexualidad.

También se utiliza entonces el manual del padre Manuel de Arciniegas, que en lo relativo al «vicio solitario» propone interrogar partiendo de este paradigma:

> Pen. Padre, yo me acuso que he tenido muchas poluciones voluntarias, desde edad de catorce años a esta parte.
> Conf. ¿Y pensaba Vm. en alguna muger entonces?

---

22 *Ibídem*, pp. 90-91.

Pen. Si, Padre, en casadas y en solteras pensaba.
Conf. ¿Era alguna de ellas, parienta de Vm.?
Pen. Si, Padre, una era prima carnal mía, y algunas veces me acordaba de mi muger.
Conf. ¿Y puede Vm. decir el número de las veces que tuvo esas poluciones? [...] ¿con qué frequencia cometía Vm. ese pecado en tiempo que era soltero? [...]
Pen. Todos los días, una o dos veces cada día.
Conf. ¿Y eran más las mujeres casadas de quienes Vm. se acordaba, que las solteras?
Pen. No, Padre, al contrario, más eran las solteras.
Conf. ¿Y de la prima se acordaba Vm. muchas veces?
Pen. Muy rara vez.
Conf. ¿Desde que Vm. se casó, con qué frequencia cometía el pecado?
Pen. Una u otra vez[23].

Otras reglas de Arciniegas se deben aplicar en el descubrimiento de las impudicias, las chanzas, el *tangere corpus earum supra vestes* y «los tratos indecentes en el matrimonio». En cualquier caso la inquisición se sustenta en postulados de doctrina que escapan a nuestra investigación. Ahora sólo corresponde llamar la atención sobre el influjo que pudo ejercer en la cotidianidad el confesonario manejado de acuerdo con los manuales. Un penitente sometido al detectivesco rastreo se debió sentir excesivamente presionado, orientado por mandato celestial a pensar y a actuar solitario o en compañía con justificadas prevenciones de acuerdo con el imperio de la ortodoxia, a calibrar la estatura de su yerro y la calidad del destinatario de su lascivia, pese a los cambios que se operaban en el entorno. ¿Acaso no topaba con un policía cuando procuraba la gracia de Dios? ¿Acaso ese inevitable policía no registraba con rigor las faltas

---
23 Manuel de Arciniegas (1785), pp. 436-437.

rutinarias, y le advertía sobre otras que quizá jamás había realizado ni imaginado?

EL ENCANTO LETAL DE LAS MUJERES

La *Reformación Cristiana* de 1853 no se aleja un ápice del argumento pergeñado en el siglo XVII, lo cual no significa otra cosa que seguir con invariable fidelidad la doctrina de los patriarcas y doctores de la Iglesia, quienes escapaban de la mujer como del peor de los monstruos y quienes preferían, a falta de conventos, confinarlas en las paredes del hogar para impedir que contagiaran al mundo, aunque igualmente para que el mundo no las contagiara a ellas. Como se trata de un libro pensado y editado en España por un jesuita español, pudiera juzgarse como fruto de la comarca ultramontana que peleaba todavía con el espíritu de la modernidad. Sólo en un país tan reaccionario como España, se pudiera pensar, circulan en 1853 ideas tan obtusas y ridículas. De ser así, pudiera justificar el análisis de la obra su familiaridad con los lectores venezolanos de entonces, quienes la examinan siguiendo el consejo de los clérigos. Sin embargo, también en el país republicano y liberal son usuales los planteamientos de idéntico contenido. No sólo porque los divulgue el famoso *Catecismo Moral* de Joaquín Lorenzo de Villanueva, procedente también de la península, lectura rutinaria en el continente que en nuestro caso edita Valentín Espinal en 1841 para uso de las escuelas elementales. Numerosos documentos reiteran hasta el cansancio el sermón de la castidad.

Así vemos, por ejemplo, cómo un impreso titulado *Publicación Religiosa. Por varios autores católicos,* periódico corriente en La Victoria el 1 de octubre de 1881, dice a sus lectores:

No olvidéis jamás que la sensualidad es al lujo, lo que el inmundo gusano a esos frutos de hermoso color y aterciopelada corteza, que enmbalzaman [sic] el ambiente con su aroma y cuyo corazón está lleno de podredumbre: lo que el asqueroso reptil a la gallarda flor que besan blandamente los cariñosos besos de la brisa [...][24].

Aparte de la adjetivación, no se observa diferencia con los consejos del jesuita. Lo mismo ocurre cuando nuestros «autores católicos» denuncian los corolarios de la voluptuosidad:

La voluptuosidad causa la ceguera del corazón, la sordera del alma y el mutismo de la conciencia que vuelve loca a la desgraciada que llora, y en consecuencia la hace incapaz de ver el bien, de oír la voz del señor, de hablar la lengua pura del cristianismo[25].

Bajo el patrocinio de Jesús Sacramentado, desde Porlamar un periódico que redacta el padre Crisanto Alvins insiste sobre el pasaporte de condenación expedido por las mujeres a quienes frecuentan su trato. Afirma el impreso margariteño:

En estos días de hecatombe moral, debe memorarse una verdad que los hombres olvidan cada vez más. Es la verdad que llama la atención sobre el engañoso encanto de las mujeres. Los encantos son encantos en apariencia, porque si no los vemos con moderación conducen a la pérdida de la salvación. En una mujer encantadora se encuentra el camino que termina en el infierno[26].

---

24 «Consejos». *Publicación Religiosa. Por varios autores católicos*, La Victoria, 1 de octubre de 1881.
25 *Ídem.*
26 «Ruta de Pecado», *La Voz Católica. Bajo el patrocinio de Jesús Sacramentado*. Nº 8, Porlamar, 20 de noviembre de 1899.

La situación está colmada de riesgos, debido a que son muchas las mujeres hermosas que andan por las calles transformadas en emisarios de Lucifer. De allí que el periódico del padre Crisanto sugiera inmediatas prevenciones:

> Al salir a la calle, no las miren a pesar de que cada vez son muchas más las que dejan el hogar y van innecesariamente de paseo o a mandado; ni hablen con ellas pensando que la conversación no encierra peligros, y avisen a sus padres y a sus mayores que las recojan, pues mientras más encantadoras, son más temibles para el hombre cristiano; y mientras más numerosas, más difícil de cuidar el bien de las almas[27].

Si, como asegura *La Voz Católica*, cada día son más hermosas y más amigas de la calle las muchachas de Porlamar, debemos suponer la dificultad de la encomienda que impone a los comarcanos. Seguramente no la realizarían.

Hacia finales de la centuria todavía se insiste en el tema de la maldad femenina. Dos breves escritos de entonces son de primordial importancia, debido a que desarrollan abiertamente el argumento del miedo que la mujer debe producir en el hombre por su labor de perdición de la humanidad, pero también por sus posibilidades de controlar al género humano. En 1898, *El Pastor* previene a sus suscriptores:

> Aparte de leer buenos libros, deben desarrollar ante la mujer la misma actitud que desarrollarían frente a un dragón. Deben tener miedo, porque, así como siembran el mundo de pecados, así buscan dominarlos desde la cuna hasta la muerte con sus consejos y con el poder sensual[28].

---

27 *Ídem*.
28 «Voz de alerta», *El Pastor*, Nº 16, Caracas, 3 de febrero de 1898.

Y a poco se puede leer en *Luz del hogar*:

> Si la mujer obtiene licencia para abandonar sus obligaciones de esposa y madre, tiene el camino libre para moldear el mundo a su capricho. Ya influye en los hijos, en el marido y en las amistades del marido en todas las casas de familia. ¡Cómo será cuando disponga de otras posibilidades! Entonces los hombres sufrirán una dominación de lamentarse por siempre. Ninguna pavidez es menuda ante el anuncio de un futuro con ellas a la cabeza[29].

En los fragmentos se hace una revelación sensacional: la mujer, esa persona encerrada en la casa que cuida a los niños y acompaña al marido, esa persona creada por Dios como compañía y alivio de los varones, impone su voluntad o pretende imponerla aprovechándose de su rol maternal y del influjo del sexo, en lugar de servir en sumisión como se le pide desde el principio de los tiempos. Hasta ahora las fuentes no se habían atrevido a plantear el problema de manera tan expresa y contundente. El mundo gobernado por los pantalones es un hecho precario en vías de extinción, a menos que se controle a la mujer, cuya vocación es determinar la vida en el hogar y fuera del hogar. Para la sociedad venezolana del siglo XIX, protagonizada por hombres machos desde el período de la Independencia, no puede existir una amenaza mayor. Ya el confesarlo, aunque sin insistencia, indica la estatura del peligro.

Pero, ¿por qué se comporta la mujer de forma tan artera? Los documentos no vuelven sobre las motivaciones que la inducen al manejo del hombre. Prefieren limitarse a señalar cómo su asociación con Satanás la lleva a provocar la calamidad del alma. Aunque la adornan cualidades positivas, tiene armas que puede manipular el diablo para crear situaciones de pecado mortal.

---

29 «¿Quién manda?». *Luz del Hogar*, N° 2, Caracas, 3 de marzo de 1898.

La mujer consuela al hombre en la desgracia y derrama su dulzura ante las penas de acuerdo con el mandato de Dios, pero cuando Satán procura la perdición de los varones la utiliza como carnada: la más atractiva. Desposarse es bueno, pero puede ser malo si el diablo mete la mano en el hogar utilizando a las esposas para que con sus atractivos provoquen una vida deshonesta. Lamentablemente, la mujer no es siempre como María Inmaculada[30].

Ni siquiera se puede confiar en aquellas que hacen la cópula dentro del sacramental estado del matrimonio, según el vocero parroquial de Porlamar. Alentada por las inspiraciones del averno, puede encauzar el acto sexual hacia vedada ruta.

NUEVAS FÓRMULAS CONTRA LA SERPIENTE

No se debe pensar que posiciones de tanta cerrazón se divulgan sólo en voceros provincianos. En la prensa religiosa de Caracas resulta común la lectura de advertencias semejantes. Quizá en un impreso como la *Crónica Eclesiástica de Venezuela*, redactado por el Obispo de Trícala y Jericó, no se presenten de manera tan simple los mensajes, pero la orientación es común. A través de un estilo más elaborado que abandona las generalizaciones para atacar a la lujuria y a su agente mediante la descripción de sucesos concretos, cumple el mismo cometido. Un artículo de elocuente título, «Horrible extremo a que conduce el amor apasionado y ciego que la religión condena», ilustra cabalmente sobre esta diversidad.

El artículo relata un suicidio, cuyos pormenores toma de la versión ofrecida por el *Eco Hispanoamericano*. A mediados de 1855, el cadáver de un joven de 21 años es sacado del Loira. Pero no se trata de un suicidio más. Junto al cadáver

---

30 «Pensamiento». *La Voz Católica. Bajo el patrocinio de Jesús Sacramentado*, N° 38, Porlamar, 2 de diciembre de 1899.

aparece un rizo de cabellos castaños, primera evidencia de la *femme fatal,* y una carta de despedida. En la misiva, por supuesto, se achaca a la mujer la causa de la tragedia. He aquí un fragmento:

> [...] la funesta estrella que me ha perseguido continuamente, puso en mi camino y cuando sólo contaba diezinueve [sic] años una mujer [...] digo mal, una víbora a quien he amado con delirio [...] por quien hubiera dado hasta la última gota de la sangre que circula por mis venas, y en fin a la que adoro contra mi voluntad. Y digo contra mi voluntad, porque una fuerza irresistible me arrastra hacia ella como el imán al acero. En vano he procurado borrar su imagen de mi mente, me recordaba en seguida las deliciosas horas que habíamos pasado juntos [...] y, en fin, esas mil delicias que sólo se encuentran al lado de la mujer amada.
>
> Los celos son la causa de mi perdición [...] sé que no me ama cual debía [...] mi amor propio resentido premedita una venganza terrible [...]. Mañana, a la caída de la tarde, cuando el sepulcral silencio de la noche haya sucedido al bullicio del día, daré a mi infiel amante el último abrazo, e iré a medir con ella la profundidad que tiene el cenagoso y sombrío Loira[31].

Y se ahogó con la infiel. Los detalles del drama componen un cuadro sobrecogedor que debió impresionar a los lectores. Un hombre joven e inexperto es burlado por la mujer-víbora. Un amor motivado por la pasión, y no por sentimientos moderados, se encuentra con la veleidad femenina y con la consiguiente traición. Pese a que el jovencito pretende alejarse de la víbora, la cadena del deseo lo sujeta a la relación. Por culpa de una mujer, un caballero en la flor de la edad pierde la vida en la oscuridad,

---

31 «Horrible extremo a que conduce el amor apasionado y ciego que la religión condena». *Crónica Eclesiástica de Venezuela*, N° 38. Caracas. 28 de noviembre de1855.

en el fondo de un río, transformándose antes en homicida. ¿Acaso no causa un texto de esta naturaleza mayor impacto que el sermón rutinario contra la lujuria? El fragmento muestra la nueva forma de sugerir controles que la Iglesia desarrolla en el siglo XIX.

La versificación también es utilizada con idéntico propósito. A través de rimas fáciles se torna menos pesada y más sutil la reconvención de las pecadoras. Así, por ejemplo, una «Melodía» escrita por «X» en *El Vigilante. Diario Católico*, en su fascículo del 6 de mayo de 1890, canta:

> Decidme si sabeis madre:
> ¿Por qué es la luna tan blanca?
> —Porque es como tus deseos,
> Hija mía; porque es casta
> [...]
> —Madre, ¡qué nubes tan negras!
> ¿No veis cómo huyendo pasan?
> Y esas, ¿qué son?
> —Tentaciones
> Que ante la virtud se espantan [...][32].

La Voz de la Cuaresma que dirige el futuro arzobispo Juan Bautista Castro, también se anima con las estrofas. En las que se verán a continuación es evidente la asociación entre la mujer, el placer y el pecado:

> ¿Qué es, dónde está el placer,
> Cómo acaba y dónde empieza?
> Un avaro: en la riqueza;
> Un joven: en la mujer;

---

32 «Melodía». *El Vigilante. Diario Católico*, N° 19, Caracas, 6 de mayo de 1890.

Un soldado: está en la guerra.
[...]
Dice un cristiano pasando:
El Placer es la virtud[33].

Aun en periódicos laicos de vocación liberal aparecen producciones sobre asuntos como la virtud y los peligros del mundo, susceptibles de promover el enclaustramiento de la mujer. Es el caso de *La Opinión Nacional,* en cuyo «Álbum Poético» no es difícil encontrar «inspiraciones» como la de Diego Jugo Ramírez, en la cual una madre moribunda implora a la futura huérfana el alejamiento de pompas y bombas mundanales. «Pobre hija mía» se titula el poema, que dice en el tono más patético y simplón:

Del mundo cuídate
Huye, ¡amor mío!
Su acento impío
No escuches, no;
Guarda de su hálito
Tu alma inocente
Cubra tu frente
Mi bendición[34].

Sólo el ripio aleja esta «inspiración» de las posturas del jesuita Castro, examinadas antes. Lo mismo sucede con las cuartetas que el bardo Arbonio Pérez dedica a la mujer adúltera en *El Monitor*, vocero independiente que leen los caraqueños de 1865. Veamos cómo la emprende Arbonio contra la violadora del séptimo sacramento:

---

33 «El placer». *La Voz de la Cuaresma,* N° 25, Caracas, 20 de marzo de 1890.
34 «Pobre hija mía». *La Opinión Nacional,* N° 420, Caracas, 12 de julio de 1870.

Mirad allí la que con saña artera
La fe sacramentada violó traidora,
Cómo en infame saturnal devora
De su consorte la quietud entera.

Miradla ya, que impúdica ramera
Marchita su belleza encantadora
Y que indigente y abatida llora
La inexperiencia de su edad primera

Ayer en medio de liviana gloria
Burlábase del mundo y su destino
Y hoy es ludibrio de la humana historia.
Antes debió que hacer tal desatino
El hecho perpetuar en la memoria
De la heroica mujer de Colatino[35].

Luego de pintar en tonos oscuros la conducta de la traidora, el versificador desemboca en una comparación clásica que destaca la virtud de una mujer excepcional. El cotejo traduce la presencia de otro mecanismo habitual en el discurso de la castidad, el cual, en lugar de machacar la doctrina de la Iglesia, poco fecunda en sorpresas, acude a la apología de las heroínas de la cristiandad. Tal procedimiento se utiliza en la *Crónica Eclesiástica de Venezuela*, cuyos fascículos incluyen biografías susceptibles de edificar a las feligresas.

El caso más llamativo dentro del marco del ingenioso recurso se encuentra en la narración de la vida de Santa Rosa de Lima, publicada por el obispo Mariano de Talavera el 5 de septiembre de 1855. Veamos un aspecto de ella:

---

35 «La mujer adúltera». *El Monitor*, N° 7, Caracas, 19 de septiembre de 1865.

[Santa Rosa] Miraba con horror todo lo que era capaz de inclinarla al orgullo y a la sensualidad, y convertía en instrumentos de penitencia todas las cosas que hubieran podido comunicar a su alma la ponzoña de aquellos vicios. Los elogios que se prodigaban continuamente a su hermosura la hacían temer ser para los demás ocasión de caída, y así, cuando tenía que presentarse en público se frotaba el rostro y las manos con la corteza y el polvo de la pimienta de Indias que, por su cualidad corrosiva, alteraba la frescura de su tez[36].

Así como el jesuita Castro manejó el episodio de Alejandro Magno, utiliza el obispo de Talavera el ejemplo de la monja de Lima, a quien no sólo presenta como aposento de virtudes sino como hipotética comunicadora de lujuria, dada su impresionante hermosura. La primera mujer americana que accede a la altura de los altares, lacera su rostro para no ser «ocasión de caída». Hasta la Patrona de las Indias, siendo quien era, podía llevar en su equipaje el pecado de la carne. En consecuencia, estaba alerta ante el demoníaco hecho. Así las cosas, cualquiera de aquellas devotas que leyese la historia en el periódico podía jurar que siempre amenazaba a los hombres con el arma letal de la concupiscencia. Ante una presentación tan sugestiva sobran las homilías directas y fulminantes del púlpito.

Acaso procurando idénticos efectos, *El Áncora. Diario Católico*, publica por entregas en 1887 la biografía de Santa Teresita. Y en el acto de distribución de premios celebrado en el Colegio San José, el 22 de diciembre de 1886, el doctor Ezequiel M. González en su Discurso de Orden presenta a las graduandas el paradigma de ocho eminencias en retahíla: Teresa de Jesús, «orgullo y maravilla de su sexo»; Paula, Eustoquia y Melania, «espasmo y admiración de la primitiva iglesia»; Rosa de Lima,

---

36 «La primera Santa americana de origen». *Crónica Eclesiástica de Venezuela*, N° 26. Caracas, 5 de septiembre de 1855.

desde luego, «primera flor de santidad del pensil de América»; Elena, madre de Constantino; Blanca, madre de San Luis, y doña Isabel de Castilla[37]. Menudos espejos presentaba a las párvulas la retórica del buen doctor González, quien también aprovecha el acto para encontrar en la lujuria de Eva, la primera mujer, el origen de este valle de lágrimas.

Es la cara usual de la medalla:

> [...] engañada por falaz tentador, el primer uso que [Eva] hace de sus gracias seductoras es para inducir a su compañero a la prevaricación funesta que atrajo sobre sus cabezas y sobre su descendencia todas las desgracias de la primera culpa[38].

En 1896, don Egidio Montesinos, afamado maestro de El Tocuyo, se preocupa por las féminas que, así como comunican el yerro de la carne, son presas fáciles del hombre que las tienta. El profesor Montesinos sólo quiere apreciar en la mujer las virtudes que usualmente le transmite la imagen de una jovencita que puede ver «gracias al prodigioso invento de Daguerre», el cual reproduce con su magia «la pureza de los ángeles [...] la candidez de la tórtola [...] el aromático perfume que exhala el ropaje de las vírgenes»[39]. Pero contra la sensación producida por el daguerrotipo conspira la realidad, según el educador, motivo que lo anima a redactar unos consejos capaces de guardar el imperio de los heraldos celestiales, de las aves canoras y de la aromática pureza.

Para don Egidio, sólo es asunto de unas cuantas recomendaciones prácticas. Esta es una de ellas:

---

37 «Colegio San José: Discurso del Dr. Ezequiel M. González», *El Áncora. Diario Católico*. N° 451, Caracas, 22 de diciembre de 1886.
38 *Ídem*.
39 Egidio Montesinos (1896), p. 66.

La mujer no debe prodigar su cariño; y más le conviene llevar la nota de altiva, que la de franca y cariñosa con individuos de otro sexo[40].

Esta es otra:

Pudor, castidad, modestia, he aquí la triple diadema que debe ceñir tu frente, pero entiende que estas son tres flores delicadas que se marchitan al punto con el aliento de los jóvenes groseros, cuyo trato evitarás cuidadosa[41].

Pero, ¿por qué la mujer debe ser huraña, para ser virtuosa? Debido a la naturaleza y a la ubicuidad del riesgo que la acecha, según el tocuyano.

En materia de amor y de afecto [dice], la mujer corre gran peligro, aun con hombres de su misma familia. No hay burlas con el amor, ha dicho con mucha verdad un célebre literato español. Regularmente principia esta peligrosa pasión por un afecto inocente: crece poco a poco, y llega a tal grado su desarrollo, que ni el hombre, ni la mujer, pueden substraerse a su influencia; y si no hay un fondo, poco común, de virtud y de honradez, los amantes se hallan al borde del abismo: está próximo a consumarse un grande sacrificio; y la mujer es la infeliz víctima que va a inmolarse en las alas inmundas de la pasión. El amor platónico, el amor sentimental puro, casi puede decirse que no existe en la tierra; y así, amiga mía, guárdate del que te jura sinceridad y afecto puro: evita el amor y sus consecuencias, las más veces funestas a la mujer[42].

---

40 *Ibídem*, p. 71.
41 *Ibídem*, p. 73.
42 *Ibídem*, p. 72.

Con la negación del afecto amical y del predominio de la honestidad, así como con la prohibición consiguiente que ordena a sus amigas en materia de amores, Montesinos no hace más que presentar la otra cara del mensaje ya examinado, el cual repite todavía en 1917 un catedrático formado al calor de las enseñanzas del obispo Fernández Fortique, quien en 1851, desde su Diócesis de Guayana, habló a menudo contra la lujuria. Se trata de J. M. Núñez Ponte, director del Colegio Sucre, quien traduce la obra del Abate Gilberguer sobre *La Castidad*. En el prólogo de la edición lamenta que «[...] el clero no haya tratado desde el púlpito con la frecuencia y oportunidad que se debiera, el asunto tan serio y delicado de la castidad»[43]. Por consiguiente, cuando está por concluir la segunda década del siglo XX suplanta a los predicadores enarbolando una cita de Didon, el ultramontano autor de *L'Education Présente,* quien decía a sus discípulos: *«Le Mauvais pour vous, est la femme»*[44]. Para Montesinos la maldad es el hombre, pero los dos pretenden llegar al mismo atracadero.

---

43 J. M. Núñez Ponte (1917), p. XLIV.
44 *Ibídem,* p. XLIX.

FLAQUEZAS Y DEBERES DE EVA

Además del pecado, la mujer tiene otras características que la conducen a un tratamiento especial. Ciertamente es ella misma «el bálsamo de la pureza y el perfume de la virtud», según garantiza una peroración del Lic. Eduardo Calcaño en el Colegio Chávez, pronunciada en 1870[1]. De acuerdo con otro orador, quien en 1887 habla ante el auditorio del Colegio del Sagrado Corazón, Dios la ha dotado de bondad infinita[2]. Nadie niega que en el fondo sea de buena madera. Sin embargo, ante ciertos rasgos de su personalidad no queda más remedio que orientarla para su mejor desempeño en la vida.

TONTAS, CHIFLADAS Y LIVIANAS

Aunque no se trata de una empresa sencilla, si damos crédito a la *Gaceta de Carabobo* que circula el 14 de febrero de 1838. Debido a su extraña condición, el periódico la compara con los astros errantes:

> Los cometas [dice] son incomprensibles, hermosos, excéntricos: así son las mujeres. Los cometas confunden a los más sabios cuando se trata de examinar su naturaleza: así son las mujeres. En fin, los cometas y las mujeres son enteramente semejantes[3].

---

1   «Discurso». *La Opinión Nacional*, N° 28, Caracas, 12 de enero de 1870.
2   «Discurso del Dr. José María Manrique en el acto de repartición de premios del Colegio Sagrado Corazón de Jesús». *El Áncora. Diario Católico*, N° 470. Caracas, 17 de enero de 1887.
3   «Los cometas y las mujeres». *Gaceta de Carabobo*, N° 2, Valencia, 14 de febrero de 1838.

La analogía se hace en tono festivo, pero no deja de reflejar la postura que se adopta en torno a la mujer. Cuando los redactores seleccionan al cometa para el cotejo no escogen una cosa cualquiera: utilizan el elemento de la naturaleza sobre el cual se han tejido las más peregrinas hipótesis a través de la historia. Los voceros de la Iglesia y otros laicos, como la citada *Gaceta,* no pocas veces interpretan a la hembra como muchos charlatanes juzgaron a la estrella cabelluda.

La mujer es para ellos, en primer lugar, la parte menos inteligente de la creación. Así lo expresa temprano monseñor Ibarra, cuando sugiere pláticas elementales para las feligresas. En un Instructivo de 1802 propone:

> [...] que les reserven dolores de cabeza con historias simples y no con asuntos de complicación, pues que no entienden y el tiempo es perdido[4].

Más adelante considera que se les debe enseñar «en atención a la caridad cristiana, con invocación de la virtud de la santa paciencia como ayuda de oportuna estimación»[5]. Seguramente no hubiera manifestado tanta prevención de ser hombres los asistentes a las pláticas. Don Narciso Coll y Prat lo acompaña en el parecer cuando corre 1811, debido a que no llega a entender por qué acude el «sexo devoto» a las sesiones de la Sociedad Patriótica. En una misiva remitida a Juan Antonio Díaz Argote, cura de La Guaira, no cree que los arrebatos políticos de las caraqueñas obedezcan a un asunto de pensamiento,

> [...] pues no pueden comprender nada de filosofemas, ni de revoluciones políticas, ni de lectura de rudimentos[6].

---

4   ARCHIVO ARQUIDIOCESANO DE CARACAS (En adelante: AA), Sección *Episcopales*, Legajo 37. «Instructivo sobre Pláticas», Caracas, 1 de marzo de 1802.
5   *Ídem.*
6   AA. *Episcopales*, Legajo 38. Borrador de carta del Arzobispo Coll a Juan Antonio Diaz Argote, Caracas, 7 de mayo de 1811.

Razón que lo conduce a considerar que la participación de las señoras en los asuntos de la república refleja la decadencia colectiva.

> Para entender que las cosas andan mal, baste verlas metidas en retórica con libros en la mano, opiniones y hablando en las tertulias. Eso no se ha visto en las civilizaciones, si no entre pueblos que caerán en el desgalgadero con ellas en tono de capitanes. Mujeres opinando lo que no pueden saber, pueblo sufriendo. ¡Y las consecuencias sólo Dios las sabe![7]

Pero, aparte de Dios, acaso pueda saber de tales corolarios monseñor Fernández Peña en 1843, cuando el país se conmueve por el crecimiento del Partido Liberal. Los acontecimientos políticos auguraban una peligrosa crisis debido a la participación de las «bachilleras», de acuerdo con el prelado.

> Más que el pueblo en la calle, me preocupan las varonas. Si ellas se meten, se hará un revoltillo. Esas varonas no saben de comercio, mucho menos de bancos. No saben de gobierno, mucho menos de partidos. No saben de doctrinas, mucho menos de oposición a la europea. No pueden saber más que de sus maridos y de sus hijos. No saben aprender, como pasa en la Doctrina. Esas ideas no les pueden entrar en la cerviz, por empeño que se haga. ¿Revoltillo, dije? El parto de las bachilleras será peor, que ni Páez lo podrá componer[8].

En plena Guerra Larga, el obispo de Mérida se felicita de que la mole montañosa haya impedido la penetración de las huestes revolucionarias en su diócesis. No quiere que la grey se contamine con «la plaga liberal», desde luego, pero especialmente llama la atención sobre los estragos que podían causar

---

7   *Ídem.*
8   AA. *Episcopales*, Legajo 47, Notas del Arzobispo Fernández Peña, 1843.

los discursos políticos en el comportamiento de las feligresas incapaces de digerirlos. Veamos cómo escribe en un documento de 1860:

> Benditas sean las serranías y la falta de caminos que atajan la plaga liberal. Lo digo al imaginar el desastre que pueden causar en pérdida de vidas y de almas, y en el desacato que pueden engendrar esas ideas en nuestras hijas que no las entienden. Una incitación las hará fautoras de un disparatorio por las ideas que no les entran en el tiesto. Hablando con don Miguel, me dijo que todo esto es cosa probada, hasta en las mujeres de su familia[9].

Aún en las postrimerías del siglo persiste la versión. Preocupado por la instrucción de la mujer, *El Paladín Católico,* órgano semanal del Círculo Católico de La Candelaria, sugiere un esfuerzo prudente, no vaya a ser que se malogren las educandas. En consecuencia, critica que:

> [...] en la generalidad de nuestras escuelas y colegios públicos y privados se da en la manía de recargar a las niñas con el estudio simultáneo de diversas materias, abrumando así su inteligencia débil[10].

Es más conveniente:

> Formar poco a poco en ellas la razón, la reflexión, el carácter, la conciencia y las buenas costumbres, de suerte que tengan la inteligencia y el gusto de sus deberes y que se acostumbren a llevarlos[11].

---

9   AA. *Episcopales*, Legajo 51, Carta del Obispo de Mérida al Arzobispo de Caracas, Mérida, 14 de junio de 1860.
10 «La educación de la mujer». *El Paladín Católico*, N° 6, Valencia, 25 de febrero de 1899.
11 *Ídem.*

Como se puede observar, *El Paladín Católico* a lo sumo concede a las niñas la posibilidad de formarse para los oficios domésticos, luego de un aprendizaje progresivo. Jamás le pasa por la cabeza al redactor la posibilidad de que se formen en otros trabajos. Pero no se olvida de utilizar esa prudente educación para provocarles ciertas «mudanzas de carácter». Porque nadie puede negar cómo conviene, a través de un método sutil:

> [...] modificar la exagerada sensibilidad de aquellas, debido a su naturaleza demasiado impresionable de la que emanan la ligereza, la frivolidad y el egoísmo[12].

En esto de la ligereza está de acuerdo el arzobispo Guevara y Lira, en atención a cómo considera un trámite en 1863. Avalada por una carta del gobernador de la Provincia de Apure, una viuda solicita dispensa para contraer nuevas nupcias con el hijo de su difunto marido. El prelado encuentra ajustadas a derecho las diligencias, pero no toma una decisión inmediata. Prefiere pensar mejor. ¿A cuál razón obedece la demora?

> La petición es cosa que sólo se concibe en cabeza de mujer[13].

Las mujeres, según agrega el prelado después en una nota marginal: «parece que piensan con extrañeza, y esta afección no las recomienda para las cosas de anchura»[14]. La solicitud de una oscura feligresa de Apure, como se ha podido apreciar, produce en el arzobispo reflexiones genéricas que no dejan bien paradas a sus ovejas del sexo femenino, a quienes, por lo visto, jamás abrumaría con encargos de peso.

---

12 *Ídem.*
13 AA *Episcopales*, Legajo 51. Carta del Arzobispo de Caracas al gobernador de la Provincia de Apure, Caracas, 10 de febrero de 1863.
14 *Ídem.*

Sobre la frivolidad coinciden el gobernador eclesiástico, Manuel Vicente de Maya, la *Publicación Religiosa* de La Victoria y un periódico liberal de Barquisimeto. Al decir del padre Maya, en general son [...] «fútiles y de tipo veleidoso»[15]. O, como agrega en otro párrafo: «dispuestas al salto y a la volatinería»[16]. El otro impreso las advierte [...] «de endeblidad nacida del afecto por las cosas de poca substancia»[17].

LA ARREMETIDA DE LOS LAICOS

Mas para *El Verbo. Órgano de la juventud liberal*:

> El que busque veleidades no se dilatará en encontrarlas, pues con ver a una mujer le basta. La veleidad y el deseo de asuntos frívolos, es flor abundante en el jardín de nuestras damas[18].

Es una lástima, agregan los redactores, que «todas ellas no se detengan lo suficiente en paños distintos a la ñoñería, como si fuesen todas unas infantes de muy escasa edad»[19].

En el bando de los jóvenes liberales de Barquisimeto milita don Feliciano Montenegro y Colón, uno de los pedagogos más importantes del siglo. Aparte de redactar manuales de historia y fundar colegios, Montenegro escribe unas *Lecciones de buena crianza moral* que llevan de apéndice una lista de consejos y refranes útiles para la urbanidad. Dos de ellos se refieren al punto: «Los melindres de las damas son la espuma de su necedad, o de su coquetería», dice uno; y «¿Quieres parecer hombre?

---

15 AA. *Episcopales*, Legajo 38. Carta del Gobernador Eclesiástico al Capellán de la Guarnición de Valencia, Caracas, 16 de octubre de 1814.
16 *Ídem*.
17 «Pensamientos». *Publicación Religiosa. Por varios autores católicos*, La Victoria, 15 de septiembre de 1881.
18 «Sobre la sociedad». *El Verbo. Órgano de la juventud liberal*, Barquisimeto, 15 de febrero de 1889.
19 *Ídem*.

pórtate como hombre. ¿Quieres parecer mujer? remílgate; y si no lo basta, ármate de un buen abanico, entablarás esa moda», señala el otro[20].

Uno de los datos en los cuales fundamenta Montenegro sus sentencias es el estilo de las tertulias femeninas, que sugiere cambiar para timbre de la buena crianza. En consecuencia, ofrece las siguientes reglas y advertencias:

> [...] no débense manifestar jamás pueriles, curiosas ni relamidas. Las desacredita la bachillería [...] las hace poco favor hablar de carretilla: las ridiculiza el continuo abaniqueo, para hacer gala de los anillos, ya que no pueden de bellas manitas: son blanco de la sátira, si dan en la necedad de reírse sin cesar, para que todos vean sus limpios y marfileños dientes [...][21].

Pero existe remedio para los remilgamientos y la superficialidad, según opina el maestro: los oficios de hogar.

> [...] convendría que los padres recordaran a sus hijas que para llevar sus futuros deberes están obligadas, antes de todo, al aprendizaje de los oficios caseros anexos a su condición, sin desdeñar el conocimiento de los inferiores [...] que no merecen este título [de esposas] las ociosas y descuidadas; y que con preferencia a la hamaca y a la ventana, deben ocuparse del aseo de sus casas y en varias minuciosidades que no son de olvidarse.

> La ociosidad de las mujeres las hace además entrometidas, pues el abandono de sus quehaceres las incita a pensar en lo que no les va ni les viene [...] todo lo critican entonces, de todo murmuran y en todo se mezclan[22].

---

20 Feliciano Montenegro y Colón (1841). p. 200.
21 *Ibídem*, pp. 85-86.
22 *Ibídem*, p. 164.

Ya en *El Canastillo de Costura* que sale en marzo de 1826 de la Imprenta de Devisme Hermanos con el objeto de «divertir» a las colombianas, se abre la edición con unos versos de Cervantes que resumen el argumento desarrollado por Montenegro en 1841. De manera que se está ante una posición asumida por los laicos desde el período de la Independencia, por lo menos. Decían tales versos:

> Suele el coser y el labrar
> y el estar siempre ocupadas
> Ser antídoto al veneno
> De las amorosas ansias[23].

A lo mejor el contraveneno podía aplicarse a dos nuevos detalles que descubren las fuentes en la identidad femenina: la inconformidad y la envidia. Para *La Verdad Católica*:

> ¿Qué cosa distingue más a la mujer del hombre? La distingue la inconformidad, hecha de pleitos para ser más y mejorar su situación, aunque viva como una reina. El hombre paga las consecuencias del afán de sus compañeras[24].

También *El Verbo* hace una pregunta semejante, para coincidir en la respuesta:

> No estás contenta, ¿no?... Ah ¡ya sé! Eres mujer, y mujer alguna se conformó jamás con su destino, fuera este más alegre que el suspirado mes de los aguinaldos y los cantares de la pascua[25].

---

23 *El Canastillo de Costura* (1826), N° 1, p. 1.
24 «Pensamientos», *La Verdad Católica. Órgano de la Diócesis de Barquisimeto*. N° 3, Barquisimeto, 19 de abril de 1899.
25 «Estudio Social», *El Verbo. Órgano de la juventud liberal de Barquisimeto*, N° 3, Barquisimeto, 15 de enero de 1889.

Por consiguiente, de acuerdo con lo que se añade en la parte final del artículo:

> Siempre esperan la complacencia de los hombres, quienes así deben permanecer pendientes de todo lo que constantemente se les ocurre, como si no hubiera cosas importantes en la vida para dedicárseles con ahínco[26].

En relación con la envidia, Montenegro hace una curiosa interpretación:

> La envidia de las mujeres parece de otra ralea, según las frivolidades de que nace; pero no por esto deja de ser menos cáustica [...] Aun de fea a fea, de hermosa a hermosa, de rica a rica y de pobre a pobre, se suscitan rivalidades y cualquier preferencia de parte de otras personas les causa molestia o enfado: no se desahogan entonces con el llanto de rabia: tienen a la mano mil sutilezas para deprimir lo que sus aborrecidas hacen y no hacen: inventan contra las mismas cuanto les sugiere el frenesí de no haber sido privilegiadas; y se ciegan tanto que ni con la gazmoñería pueden encubrir el tormento en que viven día y noche sin descanso, cambiando los bienes ajenos en males propios[27].

Hasta en móvil tan genérico y rutinario como la envidia aparece la diversidad que introducen «las cosas» de las mujeres. Como producto de razones triviales, se juzga menos seria que la de los hombres. Las rivalidades de tono menor, aunque encendidas, animan una escena de celos incomparable con el aborrecimiento que provoca en los varones la emulación cuando trastorna sus asuntos de envergadura. El fragmento es desdeñoso, por supuesto, pero también puede apoyarse en el conocimiento

---

26 *Ídem.*
27 Feliciano Montenegro (1841), p. 171.

del estrecho espacio que se les daba, en el cual carecían de la oportunidad de enfrentarse ante los negocios de trascendencia que correspondían al reino exclusivo de los varones. Las mujeres estaban «anexadas» al oficio doméstico, y viceversa.

En 1890, desde Mérida también don Antonio Picón arremete contra las mujeres cuando se anima a ayudar a sus semejantes mediante la escritura de unas *Reglas y máximas para vivir bien y mejorar de condición,* que edita en la imprenta familiar de Juan de Dios Picón. De cómo las subestima se podrá enterar el lector de nuestros días cuando advierta que la inmensa mayoría de las recetas son remitidas a los hombres, como si sus compañeras no debieran participar en el pugilato; o cuando se tope con sugerencias como la que sigue, sobre la indumentaria de los varones que pretendan destacar en sociedad. Veamos el consejo del servicial don Antonio:

> El hábito no hace al monje; pero el vestido sirve para caracterizar al individuo; sobre todo el sombrero que, por ocupar la parte más notable del cuerpo, está más visible y así debes tener gran cuidado en la manera de usarlo, pues un sombrero arrugado oficiosamente, con el ala caída, tirado hacia atrás o inclinado a un lado o para adelante, revela falta de la seriedad y circunspección que deben caracterizar al hombre, e indica que es frívolo o afeminado quien lo usa así[28].

Como patentiza el fragmento, hasta de las maneras de ceñirse el chapero se aprovechan estos pedagogos de la sociabilidad para desairar a las damas. En el cotejo provocado por el desarreglo del fieltro las identifica expresamente con lo baladí, mientras hace una misma cosa del sexo masculino y de los asuntos susceptibles de respeto. Transita la misma senda cuando lleva el asesoramiento hasta el pormenor de los adornos. Advierte, por ejemplo:

---

28 Antonio Picón (1890), pp. 11-12.

No use el hombre anillos ni otras prendas sólo de las mujeres; cuando más le es permitido usar un anillo de circunstancias, sencillo y que no revele frivolidad: las prendas lujosas y de apariencia son sólo para las mujeres[29].

Luis López Méndez, a quien se considera uno de los críticos más brillantes de la generación positivista, no se ocupa de estas fruslerías, ni da consejos para triunfar en la vida. Es un científico pendiente de temas de envergadura, como el del voto femenino, que ha dividido a otras sociedades en banderías de filóginos y misóginos. Debido a la trascendencia del asunto, participa en 1888 desde su *Mosaico de política y literatura* con el objeto de apoyar a quienes pretenden impedir la invasión de un campo monopolizado por el sexo masculino.

López Méndez reconoce la existencia de «mujeres superiores», como Juana de Arco, Isabel de Castilla, Isabel de Inglaterra, Madame Stael y George Sand, quienes han logrado «comparaciones favorables» con los hombres debido al proceso de la herencia, que en contadas ocasiones concentra las excelencias de una familia en un representante del sexo femenino. Pero entiende que la generalidad de las mujeres es inferior, en atención a características anatómicas y embriológicas.

> [...] el cerebro de una mujer pesa una décima parte menos que el del hombre, pues según unos aquél llega a 1.272 gramos a los treinta años, mientras que éste se eleva a 1.424; y según otros, las cifras respectivas son de 1.300 a 1.450. A lo que deberá agregarse que las diversas regiones cerebrales no aparecen igualmente desarrolladas: en el hombre lo está la región frontal y en la mujer la lateral y posterior. Además, el occipital de esta última se dirige horizontalmente hacia atrás; todo lo cual [...] ha llevado a la conclusión de que la

---

29 *Ibídem*, p. 12.

mujer es un ser perpetuamente joven que debe colocarse entre el niño y el hombre (Letourneau)[30].

Los datos de la antropología física se comprueban en la realidad, agrega nuestro positivista, debido a que las mujeres usualmente fracasan en actividades que dependen de la facultad de la razón. Eminentes científicos de Europa le ofrecen soporte al argumento.

> Su competencia científica puede medirse por el hecho ya observado por Siebold, de que, habiendo estado la obstetricia durante siglos exclusivamente en sus manos, esta rama de la medicina sólo vino a progresar cuando el hombre la hizo objeto preferente de sus estudios, a pesar de los notables trabajos que dejaron escritos Margarita de La Marche, Madame Lachapelle, Madame Boivin y otras mujeres eminentes.

> Respecto de las aptitudes que las mujeres revelan en los cursos de medicina, dice el profesor Waldeyer, apoyándose en el testimonio de Carl Vogt: «Ellas son atentas, siguen religiosamente la lección del profesor y tienen buena memoria; pero nada más. En los exámenes se desempeñan perfectamente siempre que no se ocurra sino a su memoria: porque cuando se les plantea una cuestión tratada ya en el curso, pero bajo otra forma, se desconciertan y pierden completamente la cabeza. En los laboratorios son torpes y poco cuidadosas. Se quejan siempre de las estudiantes que las asedian a preguntas y les piden a cada instante consejos sobre cualquier bagatela» (Sesión del Congreso de Naturalistas y Médicos alemanes del 20 de septiembre de 1888. La Semaine Médicale del 26 de septiembre)[31].

---

30 Luis López Méndez (1992), p. 67.
31 *Ibídem*, p. 68.

Así como, de acuerdo con estos datos incontrovertibles, no está preparada para el raciocinio, la mujer está dotada para la dulzura y para el sentimiento del amor, esto es, para acompañar al marido, para educar a los hijos y para convertirse en el calor del hogar, concluye López Méndez. ¿Qué pasaría si usa el derecho del sufragio y se dedica más tarde a la política? Aparte de que pudiera caer en la probable manipulación del esposo, de los tíos, de los hermanos y de los vástagos, más duchos en el asunto por la antigüedad en su manejo y por su innata superioridad intelectual y física, mil calamidades invadirían el hogar doméstico: discusiones, desorden, desunión y carencia de afectos tras los cuales perdería la familia «su natural encanto»[32]. En resumen, la sociedad entraría en un indeseable desequilibrio. Que ellas se queden en casa, pues, sin pensar en elecciones ni en partidos.

En relación con el discurso de la castidad, la variación que se advierte en estos presupuestos es importante. Exceptuando las referencias tan peculiares sobre la envidia, las ideas no giran alrededor de la noria del pecado, sino sobre rasgos de naturaleza y carácter independientes de lo moral. Es evidente que ser tonta o escasa de cerebro no traduce faltas al decálogo; ni opinar a la ligera es tacha que remita a los infiernos, ni merece la «bachillería» penitencias extremas. Tales rasgos significan ineptitud y calidad inferior, en lugar de infracción a la Escritura y a la Iglesia. O descubren perfiles pintorescos que deben atenderse como se atienden la incivilidad, la descortesía y los berrinches de los niños. El apreciar de esta guisa a la mujer refuerza el presupuesto de la mácula original en que se cimenta la intención de mantenerla a raya.

---

32 *Ibídem*, p. 70.

REPERTORIO DE OBLIGACIONES

La fiscalización de los aludidos rasgos debió ser meticulosa, pues no se queda en las generalizaciones que publica la prensa o expresan los jerarcas. Se llega al extremo de vigilar la rutina de las educandas, con el objeto de distinguir a aquellas que se aparten del estereotipo de pecado y mediocridad propios de su sexo. En los colegios no sólo se premia a las más aprovechadas estudiantes, esto es, a las niñas que, pese a la debilidad de su inteligencia, son capaces de obtener buenas calificaciones en aritmética, historia y geografía. La mirada de los preceptores también columbra el universo de las virtudes, con el objeto de encomiar en ceremonia pública a sus portadoras.

Así es como en el Instituto del Sagrado Corazón de Jesús regentado por las piadosas hermanas Chitty, en el acto de fin de curso de 1886 hacen una referencia especial a la señorita Amanda Arrabal. No obedece la referencia a su rendimiento estudiantil, sino a las virtudes que acumula y exhibe. De acuerdo con la descripción hecha por *El Áncora*:

> Todos se maravillaron cuando fue llamada la señorita Amanda Arrabal. Amanda Arrabal fue la señorita que la voz unánime de las directoras, catedráticos y condiscípulos designó como merecedora de la medalla destinada a premiar la alumna de virtud sobresaliente. El señor doctor Alirio Díaz Guerra obsequió en sentidas frases a la señorita premiada[33].

Es una lástima que la crónica no recoja las palabras del orador, aunque mayor vacío deja el desconocer el mecanismo empleado para la escogencia de Amanda como virtuosa oficial. ¿Cómo hizo la comunidad para seleccionarla de paradigma, entre

---

33 «Crónica General. Colegio de El Sagrado Corazón». *El Áncora. Diario Católico*, N° 453, Caracas, 24 de diciembre de 1886.

tanta niña de apariencia decente? ¿Votación, deliberación, sorteo? El procedimiento permanece en el misterio.

En todo caso, hay entonces una rigurosa lista de obligaciones propias de la mujer que debieron influir en la selección. Dentro de las más espirituales de ellas resalta el deber de «purificar el sentimiento», que les encarga Eduardo Calcaño a las discípulas del Colegio Chávez en 1870[34].

Pero también tienen el precepto de la dulzura. Según la *Crónica Eclesiástica de Venezuela*:

> La dulzura es el arma más poderosa de las mujeres, y una lágrima y una caricia alcanzan más que las reconvenciones y las injurias. La terquedad, la violencia y la resistencia de la mujer, puede producir mucho mal y bien ninguno. Jamás una mujer ha empeorado su causa con el silencio [...][35].

El fragmento se refiere de manera directa a la dulzura, desde luego, aunque por el comentario que lo distingue parece más bien hablar de sumisión. Pero, si tal sugerencia aparece ahora subyacente, la suelta sin cortapisas el impreso en otro fascículo dentro del que transcribe unos consejos del Abate Chassay. Así dicen esos consejos:

> [...] lejos de imponer, según la tendencia que todos tenemos su modo de pensar a cuanto la rodea, ella sabrá contener equitativamente sus gustos y sus inclinaciones personales, tratar con una tolerancia compasiva las susceptibilidades inofensivas, y nunca arrogarse ese despotismo que algunas se confieren como derecho de virtud. El celo no consiste en mostrarse intratable, el amor al bien en maldecir, la franqueza en decir bruscamente a cada uno lo que debe hacer. La mujer verdaderamente cristiana mezcla en

---

34 «Discurso». *La Opinión Nacional*, N° 281, Caracas, 12 de enero de 1870.
35 «El Matrimonio». *Crónica Eclesiástica de Venezuela*, N° 125, Caracas, 29 de julio de 1857.

todas las cosas la sabiduría, mesura, inteligencia, discreción. Sofoca en si misma ese amor al dominio tan profundamente arraigado en todas las almas, tan ingenioso en disimularse, tan ardiente en satisfacerse[36].

Ahora es evidente la intimación a ubicarse en una postura de inferioridad, aunque, en el fondo, más bien recomienda el periódico el recurso de la simulación. No hay que dedicarse a la tortura de la frase para observar cómo no sólo discurre sobre la obligatoriedad de ser sumisas las mujeres: insiste en la conveniencia de que así parecieran.

Pero en el caso de la mujer casada no hay equívocos. Su destino es constituirse en apéndice del señor de la casa.

Resignada a no tener otra suerte ni otro porvenir más que el de su esposo, si este llega a ser pobre parte con él su pobreza; si le persiguen, le ayuda a soportar los males; si cae enfermo, le prodiga sus afectuosos desvelos y siente más que él sus dolores. Cuando el esposo no trae a su casa más que un desaliento profundo y un amargo desengaño, al ver frustrados sus conatos, o al reconocerse víctima de la intriga o de la injusticia, entonces viene la esposa con sus dulces palabras y ternura angelical a difundir la paz en su corazón. Aconseja a su esposo y nunca le reconviene: el respeto y la prudencia, tanto como el cariño, le prescriban esta conducta para con él. En su misma abnegación está su triunfo, y por lo mismo, olvidándose de si misma, sólo vive para su esposo, y si es necesario sabe morir por él[37].

Según se desprende de lo expuesto, la ruta cristiana del matrimonio consiste en la anulación de uno de los comprometidos en el sacramento, quien carga el fardo de los deberes en

---

36 «De las mujeres». *Crónica Eclesiástica de Venezuela*, N° 30, Caracas, 3 de octubre de 1855.
37 «La familia». *Crónica Eclesiástica de Venezuela*, N° 127, Caracas, 12 de agosto de 1857.

beneficio del otro. El marido es la médula del nexo, mientras la mujer debe girar inexorablemente alrededor de su noria. Así lo establece el dictamen del Abate Chassay que hace transcribir para sus lectores venezolanos el Obispo de Talavera, y el Abate es toda una autoridad entonces: Canónigo Honorario de Bayeux, profesor en el Seminario Diocesano y miembro de la Academia de la Religión Católica.

El personaje toma esta posición debido a que no considera a la mujer como una compañera de su esposo, sino como una hija. Así lo aclara la *Crónica Eclesiástica*:

> Mr. Chassay toma a la joven desde el momento en que deja la sociedad de su madre para entrar en otra familia que en adelante será la suya. Y ya se le presenta una obligación de bastante rigor, la de no abandonarse más de lo necesario a esa correspondencia de ternura y de expansión filial que llega a ser siempre una necesidad para las nuevas esposas. Ellas deben [...] adoptar sincera y cordialmente la familia en cuyo seno son llamadas a vivir, y, verdaderos ángeles de paz, calmar por su influencia inteligente y generosa los interiores más turbulentos y más impetuosos[38].

Mucho ilumina el párrafo sobre la lectura que entonces hace la Iglesia de la mujer y explica los consejos que le da. En principio, la mujer depende de una sociedad doméstica que dirigen las normas maternales a las cuales debe corresponder. La salida habitual de ese primer núcleo de vida consiste en una mudanza hacia un núcleo semejante que dirige el marido junto con sus familiares, esto es, con los miembros antiguos de la «sociedad» a la cual se incorpora la mujer. En ella debe comportarse como usualmente vivió antes, es decir, como miembro menor susceptible de tutela, como hija, hasta que el paso de los años le permita

---

38 «De las mujeres en la familia», *Crónica Eclesiástica de Venezuela*, N° 30, Caracas, 3 de octubre de 1855.

adquirir un estatus, si no superior, lo suficientemente respetable como para orquestar el idéntico destino de sus hijas. El nuevo *status* depende, desde luego, de su comportamiento filial con el consorte, ya comentado, y de su nueva conducta como madre.

En efecto, la maternidad es la obligación primordial de las mujeres. Sólo que la Iglesia la unce a tareas trascendentales de naturaleza espiritual y social que la transforman en una responsabilidad titánica. Acudamos de nuevo a la *Crónica Eclesiástica de Venezuela* para calcular la estatura de la faena exigida a las madres por la cátedra sagrada en el siglo XIX:

> Destinadas por la naturaleza a ser las madres las personas más cariñosas del mundo, viviendo sus hijos bajo un mismo techo y respirando siempre a su lado, ¿quién mejor que ellas los familiarizaría con la virtud? ¿quién podría inculcarles con más amor, con más constancia, con más delicadeza los preceptos de su religión? Desde el momento en que aquellos abrieran sus ojos a la razón, empezarían a recibir la instrucción de sus madres, desempeñando así el deber más augusto entre todos los deberes. Tan agradable tarea produciría una verdadera reforma en las costumbres sociales; los hábitos de comedimiento, de templanza y de dulzura influirían poderosamente en la moralidad de los individuos, y el deseo de ilustrarse sería más intenso, y la honradez el título glorioso y la cifra del mejor linage.

> Madres, vosotras sois las maestras de todo el género humano, y debéis tener seria e incesantemente ante la imaginación la idea de vuestra grave responsabilidad. La obra más noble de Dios, la corona y sello de nuestra creación, el alma inmortal, se halla bajo vuestra tutela. Rogad a vuestro Padre que está en los cielos, se digne encaminar vuestro influjo a la salvación de vuestra preciosa carga, y que no la conduzcáis por la ignorancia a la condenación eterna[39].

---

39 *Ídem.*

Menuda encomienda que hoy espantaría a la más recia de las madres. En una época en la cual la educación no es un fenómeno masivo, la Iglesia convierte a la madre en la maestra que todavía no existe, exigiéndole la formación cívica y moral de los niños. Pero le hace un encargo mayor: el alma de esas criaturas que Dios le entrega para que les obstruya la ruta del infierno. La manera de comportarse en sociedad los jóvenes y la relación con la vida eterna dependen de la mujer, pues, mientras el hombre atiende sus asuntos en la calle. De la obligación de hija, después de la prueba de la sumisión, la mujer pasa a la obligación de madre en términos exigentes en extremo.

Pero, ¿qué lugar ocupa el sexo ante tantas empresas espirituales y sociales que la mujer debe realizar? El sexo es el enemigo y la castidad su contrario, como ya se ha visto. El sexo es la pistola del diablo para matar cristianos a través de Eva. Pero no se puede evitar, en el caso abrumador de las feligresas que no escogen una vida conventual y están dispuestas a ser hijas, madres, obsecuentes compañeras y maestras de la colectividad. Sólo que una cosa es el sexo, regalo de Dios a sus criaturas, y otra la incontinencia.

Por consiguiente, la cátedra de la fe aconseja la monogamia absoluta. Así vemos cómo sugiere el obispo Mariano de Talavera:

> Gozaos el uno al otro; pero si lleváis la satisfacción a nuevos y variados objetos, vos, Mujer, perderéis vuestro mérito y dignidad; muy pronto las risas de vuestras mejillas y labios ofrecerán la imagen de una flor marchita y deshojada; no gozareis los placeres de la maternidad; y si tuviereis hijos de muchos hombres, el amor de madre os servirá de tormento[40].

---

40 «Causas del Matrimonio». *Crónica Eclesiástica de Venezuela*, N° 35. Caracas, 7 de noviembre de 1855.

Como se observa, la lección de la monogamia no depende de su encomio, sino de la fulminación de la promiscuidad a la cual se atribuyen corolarios nefastos en un discurso dirigido con exclusividad a la mujer. Según puede desprenderse del texto, alguna inmunidad protegía al sexo masculino de los riesgos provocados por las relaciones promiscuas, ya que la advertencia lo excluye.

En cambio, un artículo que circula en noviembre de 1855 agrega al hombre dentro del problema, sin cambiar el tono del discurso:

> Es el primer objeto del matrimonio la conservación de la especie [dice], por medio de la unión arreglada y uniforme de un hombre a una sola mujer, gozando legítimamente y con moderación los placeres del amor, y satisfaciendo la necesidad de la reproducción sin inconvenientes[41].

Hay dos tipos de placer sexual, según el texto: el legítimo y el pecaminoso. Aquel que se realiza de manera coherente según los preceptos de la continencia es el único permitido, si depende de la procreación, fin medular y exclusivo de la monogamia.

Aunque sin la insistencia en reconvenir sobre los peligros del sexo ilícito, un impreso laico de 1826 sugiere a sus lectoras la necesidad de contenerse en materia de amores debido a que el clima de Venezuela, a diferencia de los de Groenlandia y Siberia, hace que «el amor haya fijado su imperio con más energía». Nuestro clima «halaga y atrae» el amor, se insiste en el texto[42]. Por consiguiente, concluye el redactor:

> Amabilísimas colombianas, hijas mimadas de la naturaleza [...] usad [del amor] con el tino y juicio que os es característico, y os haréis

---

41 «Fin del matrimonio». *Crónica Eclesiástica de Venezuela*, N° 35, Caracas. 7 de noviembre de 1855.
42 *El Canastillo de Costura* (1826), N° 2, p. 17.

dignas hijas de nuestra madre común, y acreedoras de nuestro intenso y cordial afecto, y de la gratitud de las generaciones sensibles[43].

En el fragmento no se habla según el estilo del púlpito, ni se hace una pedagogía manifiesta de la monogamia, pero se deja al criterio de las mujeres la responsabilidad de evitar el desbordamiento de una inclinación aguijoneada por el medio ambiente. El texto, redactado cuando ya la república ha triunfado frente al imperio español y en el cual se asocia la continencia con el patriotismo, ¿no llega así, con camuflaje, con carmín, a la meta anhelada por los eclesiásticos?

Si la respuesta es afirmativa, se puede ver cómo no sólo se solicita una determinada conducta de la mujer en nombre de la Iglesia. Se hace al igual invocando la civilidad y la república. Pero, independientemente del motivo que se maneje, el cumplimiento se les reconoce hasta en el trance de entregar el alma. En efecto, cuando apenas llega la muerte se hace la apología de aquellas que siguieron las reglas. Así como en los colegios se premia cada fin de curso a las niñas virtuosas, a través de los obituarios se pregonan las excelencias de las matronas que mostraron a lo largo de su tránsito el apego a los preceptos de la ortodoxia. Es un intento de perpetuarlas en la memoria colectiva como modelo del género, antes de que se consuman en el olvido general.

De allí que a doña Sebastiana Echenique, fallecida en octubre de 1856, se le reserve una especial necrología debido a que:

> Su dócil corazón recibió como en una cera blanda las impresiones de las sólidas virtudes cristianas[44].

---

43 *Ídem*.
44 «Necrología de Sebastiana Echenique». *Crónica Eclesiástica de Venezuela*, N° 82, 1 de octubre de 1856.

Lo mismo sucede con doña Pilar Porras de Requena, quien muere en noviembre del mismo año y a quien se dedican unos versos mochos de despedida:

> [...] Era de esposas el modelo
> Que de honor y virtud lecciones daba,
> Una madre de todos generosa
> En cuyo corazón hallan consuelo
> Los hijos que su amor buscaba:
> Al cielo vuela su alma bondadosa[45].

En los dos obituarios no se refieren virtudes heroicas ni hazañas dignas de recordación. Sólo las conductas usuales que se esperan de una cristiana temerosa de Dios. El simple hecho de cumplir con los preceptos todos los días hace que merezcan el honor de un elogio escrito en letra de imprenta.

Pero cuando las difuntas han demostrado con sus actos la familiaridad con el dolor, la guerra frontal contra el mundanal ruido y el cumplimiento de la caridad cristiana hasta extremos ejemplares, la prensa les dedica más espacio. Tal el caso de Teotiste Briceño, cuya vida es un calvario que enfrenta con la tenacidad de una bienaventurada. Veamos cómo describe su peripecia la *Crónica Eclesiástica de Venezuela*:

> La señora TEOTISTE BRICEÑO ha fallecido! Concebida en Bogotá en los días aciagos de la patria, su Padre se vio forzado a abandonarla en el seno materno para huir de la inexorable cuchilla española. Nacida en Maracaibo y trasladada a Coro, suelo natal de su Madre, antes de cumplir los 5 años comenzó para ella una serie de emigraciones que terminó en la capital de la Nueva Granada. Allí recibió una esmerada educación, porque la madre tuvo que suplir los afectos del padre a

---

45 «En la muerte de la Señora Pilar Porras de Requena». *Crónica Eclesiástica de Venezuela*, N° 90. Caracas, 20 de noviembre de 1856.

quien la hija apenas llegó a conocer. Después de la disolución de Colombia, fijando su domicilio en Caracas auxiliaba el celo maternal en las escuelas de niñas que la amaban por su carácter dulce y bondadoso. Mas la joven BRICEÑO, desgraciada sin merecerlo, tuvo que devorar en los últimos siete años sufrimientos físicos y morales a que ha puesto término la Parca. El mundo no tenía atractivo alguno para ella, y todo su cuidado y ocupación eran educar religiosamente el tierno pedazo de su corazón que había engendrado, y que ha quedado sin su apoyo en la aurora peligrosa de la vida.

Sintiéndose con inclinación y disposición para asistir a los enfermos, concibió en unión de una amiga suya el proyecto de formar una asociación de caridad en favor de los atacados del cólera, de que ella iba bien pronto a ser víctima. En la agitación que experimentó el domingo 9 del presente para solicitar compañeras de su caritativo designio, una insolación desapercibida y desatendida prosperó en un cuerpo debilitado por el germen oculto del mal, que muy luego se desarrolló rápidamente, burlando los esfuerzos y la pericia del generoso amigo profesor, y de ocho facultativos que tuvieron la bondad de visitarla. El Señor aceptó su buena voluntad, y no permitió la llevasen a ejecución. Adoremos sus inescrutables decretos. Cuatro días antes tuvo un presentimiento de su muerte, y lo anunció a su médico de confianza.

Recibió los socorros que a los viajeros de la eternidad ofrece la religión, esta religión que ella cultivaba por la lectura y convicción. Conservó el conocimiento hasta el instante supremo, alentaba su espíritu con actos de amor y de arrepentimiento: dio la postrera bendición a su tierna hija, y sus últimas palabras fueron una expresión de afectuoso respeto y gratitud a su venerable tío el Obispo de Tricala que se había constituido su Padre, y a quien la sobrina se complacía en servir de báculo a su ancianidad.

Sus amigas íntimas recogieron los suspiros de su agonía, y regaron con su llanto su cadáver yerto, y las numerosas que la estimaban en esta ciudad por su dulzura y amabilidad derraman sobre su tumba las lágrimas de una exquisita sensibilidad[46].

¿Por qué se dedican tan prolijas líneas a la descripción de la vida de Teotiste Briceño? No debe ser por su parentesco con el viejo prelado Mariano de Talavera, sino por otros motivos de peso. Especialmente porque su tránsito confirma que la vida es un valle de lágrimas en el cual pueden las cristianas sortear las pruebas sin caer en las tentaciones del pecado. Porque su ejemplo demuestra cómo, pese a sufrir la calamidad de los exilios, de la desaparición de la parentela, de la pobreza y de la mengua de la salud, se puede respetar a plenitud el precepto que señala la necesidad de vivir con la sonrisa en los labios, dulcemente hasta la hora de la muerte. Porque en esa vida de sacrificios se aprecian los frutos de la educación aconsejada por la Iglesia y apuntalada por las lecturas edificantes, capaz de conducirla, no sólo a una maternidad comparable a la de las grandes mujeres de la historia sagrada cuyas proezas se repiten en los devocionarios, sino también a la solidaridad con los desamparados. Porque esa vida es un ejercicio consciente de las virtudes teologales, a través del cual se demuestra que no hace falta ser Rosa de Lima para convertirse en paradigma del prójimo. Doña Teotiste es un prototipo que, aunque no tenga un nicho en los altares, merece una plaza estelar en el periódico de la diócesis. Porque la entrega recibe como correspondencia, en lugar de recompensas materiales, los sentimientos de la «exquisita sensibilidad». En suma, la necrología comunica a las lectoras que la señora Briceño, una mujer como cualquiera del vecindario, una mujer que todos han visto en el mercado de todos los días y en las

---

46 «Necrología». *Crónica Eclesiástica de Venezuela*, N° 28. Caracas, 19 de septiembre de 1855.

tertulias de las familias conocidas, es la santidad presente en las calles y en las casas de Caracas. En consecuencia, las demás pueden ser como ella.

O pueden correr con la suerte de morir temprano, cuando son apenas unas niñas, según se desprende de la nota también publicada por la *Crónica Eclesiástica...*, el 27 de junio de 1855 ante el deceso de una nieta del Presidente de la República. Se afirma entonces en el impreso:

> Hersilia Giusseppi Monagas
>
> En la aurora de la vida, cuando no conocía el mundo, cerró sus ojos a la luz! Nada poseía en este valle de miserias sino el cariño de sus padres. Un amor providencial la arrebató antes que la malicia mudase su entendimiento, o la ficción engañase su alma. Su tumba es la tumba de la inocencia: las lágrimas que la riegan, son lágrimas de consuelo y de esperanza. El eco triste de las campanas no anuncia tanto una muerte como un triunfo. Hoy, es verdad, hay una virgen menos en la tierra, pero por un cambio dichoso hay una virgen más en el cielo[47].

Si en las palabras dedicadas a doña Teotiste se presenta el mundo como un sendero de redención a través del ejercicio cotidiano de la santidad, la despedida de la niña ofrece la versión complementaria que insiste en presentarlo como vehículo de Satanás para la perdición de las almas. Se le concede tanta estatura a su objeto de provocar la eterna condenación, que no vacila el órgano de la Iglesia en manifestar su regocijo por el óbito de una chiquilla, en cuanto la libra de enfrentarse a las redes del enemigo y garantiza su castidad ante la presencia de Dios.

---

47 «Hersilia Giusseppi Monagas». *Crónica Eclesiástica de Venezuela*, N° 16. Caracas, 27 de junio de 1855.

Aparte de una nota necrológica, la Iglesia venezolana ofrece un auxilio en esta vida para las que no han tenido la fortuna de Hersilia y quieran ser como doña Teotiste. Para poner en práctica los principios del comportamiento femenino, aparte de medidas concretas y de campañas específicas contra el enemigo mundo que se verán más adelante, crea una institución de enseñanza promovida por el Arzobispado de Caracas: el Colegio Beaterio de Valencia.

Fundado en 1806, realiza una labor de interés hasta 1874, cuando lo suprime Guzmán Blanco por ser «contrario a la condición libre del ser humano»[48]. Llega a tener 132 alumnas que siguen un estilo de vida semejante al de las monjas carmelitas descalzas, usan una suerte de hábito con escapulario y guardan votos de castidad, pobreza y obediencia mientras permanecen en su seno. Cuando desean retirarse al mundo exterior para vivir en sociedad y aun para contraer nupcias pueden las educandas olvidarse de sus votos, pues los han hecho simples y sin solemnidad. No constituyen una congregación religiosa oficial[49].

Pero, si pueden suspender los votos, acaso les cueste olvidar los preceptos enseñados en la santa casa. De acuerdo con la regla, allí debían aprender:

> [...] labores propias de su sexo, se les instruyese en la doctrina cristiana, inspirándoles el santo temor de Dios, así como la obediencia, respeto y sumisión debida a las autoridades civiles y eclesiásticas, a los padres y mayores de sus familias, procurándose también en ellas el honesto vestido, inspirándoles así el honor, recato, modestia y pudor que conviene a las mujeres[50].

El plantel quiere mujeres fuertes, sobrias y disciplinadas. De allí que el proceso de enseñanza empiece a las cuatro y media

---

48   Alicia Rial Mosquera (1992), Capítulo I.
49   *Ídem.*
50   AA. *Sección Varia.* Apud Rial Mosquera (1992).

de la madrugada, para prolongarse hasta las nueve y 45 minutos de la noche todos los días. Las educandas no tienen criadas, pese a que muchas son hijas de familias pudientes, pero están allí para criarse sin pereza, sin delicadeza ni gazmoñería. La vida es severa y sin pausa. Después de las clases lavan, limpian y tejen en silencio, rezan y retornan a la faena. Si quieren pueden vivir por siempre en el lugar, o marchar por el mundo y construir un hogar edificado por su ejemplo de acero[51].

Con una disciplina tan férrea, las preceptoras del Beaterio de Valencia se adelantan al consejo de León XIII, quien les dice *urbe et orbi* cuando despunta el 1900:

> Portaos varonilmente; por Dios y por la Iglesia batallad con fortaleza[52].

Sin embargo, el Colegio Beaterio sólo llega a albergar 132 pupilas. Para las que se quedan afuera existen otras reglas y otras maneras de convencimiento, como se verá más adelante.

---

51 *Ibídem*, p. 117.
52 «Precioso Lema». *La Voz Católica. Bajo el patrocinio de Jesús Sacramentado*, N° 52, Caracas, 28 de marzo de 1900.

CONTRA LA MALA VIDA

En el país del siglo XIX que experimenta los procesos de la Independencia, las guerras civiles, la liberal Federación y el fortalecimiento del principio laico de autoridad, no puede pretender la Iglesia que vivan las mujeres en una suerte de beaterio desmesurado. Al principio del periodo, cuando todavía persisten normas y costumbres de cuño colonial, puede mantener la rigidez del magisterio antiguo, pero luego debe ingeniárselas para evitar el descarrío a través de procedimientos más sutiles. El combate de ese enemigo de la fe que desde el tiempo de los apóstoles se denomina genéricamente «mala vida», no depende ahora de medidas drásticas. Los anatemas y las fulminaciones del clero, aunque importantes, carecen del impacto de antes.

En consecuencia, la cátedra sagrada disminuye la presencia de las normas punitivas para reemplazarlas por una campaña de publicidad. La mudanza se refiere a aspectos de la vida cotidiana como el matrimonio, la ropa, los bailes, las lecturas y todos aquellos vehículos que puedan transmitir a la mujer el flagelo de la mundanidad.

EL SANTO MATRIMONIO

Un asunto tan primordial como el matrimonio en cuanto contención de la lujuria, se atiende según las variaciones aludidas. Al principio, prelados como Hernández Milanés y Lasso de la Vega recorren entre 1803 y 1822 la vasta Diócesis de Mérida de Maracaibo, solicitando en el púlpito y en Cartas Pastorales la denuncia de los amancebamientos con el objeto de castigarlos de acuerdo con la costumbre, esto es, a través de rigores que incluían la alternativa de la cárcel[1]. En 1821, el obispado anuncia la «fijación de excomunión pública» para los que se separen de su pareja legítima[2]; y declara riesgos extremos para las nupcias realizadas sin velaciones. Si se resisten a recibir las velaciones los matrimonios son válidos, pero «viven como en pecado mortal continuado»[3].

La preocupación por el sacramento del matrimonio se observa en circulares como la siguiente, de 1804, en la cual ordena el Obispo a los párrocos:

> Todos los años han de formar padrón de sus feligreses grandes y pequeños, los que les han de servir para saber si han cumplido con los preceptos anuales y nos los enviarán con la razón predicha de haber o no cumplido, pero en una planilla [...] cerrándola con la noticia de hombres, mugeres casados que viven separados, en el mismo Pueblo, o algunos fuera de él, las causas de su separación y que diligencia han hecho para unirlos. También expresarán los amancebados públicos, y las diligencias obradas para el remedio[4].

El documento también expresa alarmas por el delito de bigamia usualmente practicado por los extranjeros, en especial por españoles y canarios a quienes su lejana procedencia facilitaba la posibilidad de uniones dobles. Así en lo relativo a bigamia, como a amancebamiento y separación de cónyuges, se recomienda la

---

1   Para este punto, véase: Antonio Ramón Silva (1922), vols. II y IV. En el capítulo anterior se examinó también el tema a través de los papeles de Lasso de la Vega.
2   «Excomunión para los que no cumplan con la Iglesia, dictada por Monseñor Lasso de la Vega el 14 de enero de 1821». Antonio Ramón Silva (1922). vol. IV, p. 148.
3   *Ídem.*
4   «Circular de Santiago Hernández Milanés a los curas párrocos y sus tenientes», Mérida, 1 de julio de 1804. Antonio Ramón Silva (1922), vol. II, p. 39.

aplicación estricta del sinodal de Caracas[5]. Para combatir las uniones ilegales, pues, se puede recurrir a las normas impuestas para toda la provincia de Venezuela desde 1687[6], como si no hubiese corrido desde entonces el agua bajo los puentes. Un ambiente de diligente activismo arropa a las disposiciones.

Monseñor Ibarra está pendiente en 1802 de los mismos controles, pero duda de la eficacia de padrones y anotaciones si no se ordena un castigo ejemplar:

> Bien está la noticia de transgresiones al santo matrimonio, pero hasserlo verdaderamente santo obliga a formalidades de pena para ejemplo de las uniones torpes [...] por lo que es aconssejable fijar más multas y la vigencia de encierro de la persona contumaz[7].

En 1815 el arzobispo insiste en controlar mediante reprimendas severas la abundancia de barraganías, pero el entuerto no es su preocupación exclusiva. El gobernador Juan Manuel Cajigal comparte el punto de vista, según lo expresa en una lacónica misiva. Anota en ella:

> Conozco como V. S. I. el término a que llevan a los hombres tan desordenadas pasiones y el influjo que tienen quando los que mandan son dominados por ellas[8].

Por consiguiente, está de acuerdo con castigos que no sólo se dirijan a los feligreses sencillos, sino también a personajes con poder político en la provincia[9]. El Brigadier del ejército acantonado en Caracas juzga entonces saludables las opiniones del

---

5   *Ídem.*
6   Para este punto, véase Elías Pino Iturrieta (1992).
7   AA. *Episcopales*, Legajo 37. Instructivo sobre matrimonios, Caracas, 20 de junio de 1802.
8   AA. *Episcopales*, Legajo 39. Carta de don Juan Manuel de Cajigal al Arzobispo de Caracas, Caracas, 25 de abril de 1815.
9   *Ídem.*

gobernador[10]. Gracias al testimonio vemos cómo en plena guerra de Independencia coinciden las autoridades religiosa y civil regia, en una conducta represiva ante la violación de la monogamia tradicionalmente aceptada.

Luego de 1830 se buscan formas distintas para atender el problema del matrimonio. En realidad ya el matrimonio es un fenómeno susceptible de tratamiento diverso, por cuanto en la década anterior se llegó a hablar de divorcio y de uniones con «herejes»; y en las décadas que siguen se implantará el enlace civil y se insistirá en desatar lo que Dios ha atado. Ante las flamantes realidades, la Iglesia echa a un lado la tendencia a las reconvenciones para promover la imagen del sacramento.

El siguiente texto, seleccionado de la *Publicación Religiosa. Por varios autores católicos,* condensa la posición:

> Jesucristo [dice], haciendo del matrimonio una institución de verdadera moralidad y elevando la condición de la mujer al lado del esposo, que la tomaba de compañera ante Dios y los hombres, iluminó los espíritus, encadenó las pasiones, purificó los corazones[11].

Numerosos escritores influidos por la Iglesia machacan el argumento hasta el cansancio. Es el caso de José del Carmen Manzanares, abogado y político que edita un opúsculo titulado *Libertad de la mujer por el cristianismo.* Es un texto de 1887, en el cual procura demostrar que el enlace matrimonial instituido por Jesús sacó a la mujer del estado de sujeción y minusvalía a que estaba sometida durante el paganismo. Antes de Cristo, los hombres «hicieron descender al bello sexo al último grado de la deshonra y la degradación», asegura, pero en adelante adquirió derechos y respeto.

---

10 *Ídem.*
11 «La Reforma». *Publicación Religiosa. Por varios autores católicos,* La Victoria, 1 de octubre de 1881.

La esposa era una víctima infeliz en la familia. El sensualismo y la voluptuosidad eran los más crueles ministros del poder tiránico que las esclavizaba y envilecía. La nueva religión la tomó bajo su amparo y le impuso estos y otros deberes al marido: Amarás a la esposa con un amor santo, con un amor inviolable, porque eres suyo y no tuyo. Compadece sus flaquezas y guárdate de abrumarla injustamente con pesares y humillaciones; porque no es una esclava, sino tu hermana, tu compañera y mi hija[12].

Esta suerte de santificación del matrimonio que desterraba el desenfreno pasional, argumento que el autor maneja partiendo de la Epístola a los Corintios, hacía más equitativa la situación de la esposa en el hogar doméstico. El marido seguía con la batuta de la unión, naturalmente, pero ella mejoraba su estatus. Manzanares se explaya en este punto con la muleta de San Juan Crisóstomo:

El gobierno en la familia, por ley natural y divina, debía corresponder al marido. Mas, decía uno de los intérpretes de la nueva ley, no confundáis la sumisión con la esclavitud. La mujer obedece; pero queda libre: es la igual al hombre en honor. Ella se os entrega para ser vuestra compañera, libre y honrada, no vuestra esclava[13].

Al autor le sobran los ejemplos clásicos para avalar la afirmación. Personajes como Pompeyo, Claudio, Nerón y Catón hicieron de la mujer un andrajo en sus respectivos matrimonios, pero el mensaje del Evangelio logró que variara la conducta de los maridos a través de disposiciones que inspiraron a mandatarios como Constantino, quien abolió el pupilaje de la mujer; y a legisladores cristianos que le dieron propiedad absoluta de bienes muebles e inmuebles, cosa inconcebible antes. Igualmente el

---
12 José del Carmen Manzanares (1887), p. 84.
13 *Ibídem*, p. 84.

Evangelio promovió la defensa de las esposas desde la Santa Sede, como ocurrió en los casos de Lotario II, rey de Lorena, y de los monarcas franceses Felipe I y Felipe Augusto, quienes quisieron deshacerse de sus legítimas compañeras y toparon con la voz de los pontífices. «Esto no es lícito», dijeron los Papas en defensa de la mujer compañera y no esclava, y los reyes cedieron ante la autoridad espiritual»[14]. El marido, según lo visto, continúa a la cabeza del nexo, pero la Iglesia impide que convierta la unión en dictadura.

Nuestro conocido Dr. Ezequiel M. González, orador en el acto de premiación realizado por el Colegio San José en 1886, transita la misma ruta de exaltación del matrimonio católico, pero prefiere insistir en el aspecto de la santificación del amor femenino otorgado por el sacramento. Se trata de una cualidad que diferencia el amor sentido por las esposas cristianas del amor que experimentaban las paganas. Confirma su aserto en los ejemplos de Elena, Medea y Fedra:

> El amor de Elena atrae sobre la raza pelásgica las iras de las legiones griegas que borran de la faz de la tierra la ciudad que abrió sus puertas a la adúltera. El amor pone en las manos de Medea el puñal parricida, convierte en execrable monstruo a Fedra y la arrastra hasta el suicidio [...][15].

El matrimonio cristiano elimina este sentimiento destructivo, según el autor, para dar paso a una «potencia activa y vivificadora» resumida en María, la esposa del carpintero, «conjunto y modelo de todas las perfecciones»[16].

Un argumento semejante a los de Manzanares y González es manejado por una celebridad de la época, Cecilio Acosta,

---

14 *Ibídem*, p. 52.
15 Colegio San José. «Discurso del Dr. Ezequiel M. González». *El Áncora. Diario Católico*, N° 451, Caracas. 22 de diciembre de 1886.
16 *Ídem*.

quien militó en las filas más cercanas a la Iglesia hasta el punto de casi ordenarse de sacerdote. Para el famoso autor, mediante la proclamación del amor como motor de la humanidad, el cristianismo le hizo un eminente servicio a la mujer:

> [...] alzada la mujer a la preeminencia de señora por medio de la santificación del matrimonio [restableció] la dignidad primigenia de la mitad de la especie[17].

La apología de la monogamia cristiana conduce al rechazo del matrimonio civil. Nuestros sacerdotes siguen en este sentido las enseñanzas de Pío IX, quien en la Encíclica *Quanta Cura* y en el *Sylabus,* documentos fundamentales que circulan en 1864, condena la doctrina laica según la cual el sacramento es accesorio y susceptible de disolución. A la sombra del Pontífice, el clero nacional sostiene que los esponsales no pertenecen por naturaleza a la jurisdicción civil, que nunca se deshacen y que los impedimentos dirimentes son de exclusivo control de la autoridad eclesiástica[18]. Se baten por estos postulados en una contienda que escapa al objeto de la presente investigación.

Pero, de vuelta sobre nuestro asunto, conviene señalar cómo los postulados sobre la monogamia controlada por el varón no se quedan en el papel. Al contrario, provocan conductas susceptibles de comprobar su influencia. Tales postulados, por ejemplo, deben mover al criollo don Antonio Santéliz, rico hacendado de las proximidades de Guanare, quien en febrero de 1802 golpea a su esposa debido a que salió de la casa sin su autorización. Se enteró don Antonio de «la inobediencia» mientras estaba pendiente de una siembra en el hato, el día primero del mes. De acuerdo con la denuncia de su suegro, Juan de Azuaje, formulada ante el Justicia Mayor:

---

17 Cecilio Acosta. «Reflexiones políticas y filosóficas sobre la historia de la sociedad desde su principio hasta nosotros». Germán Carrera Damas (1961), p. 6.
18 Eduardo Villarrasa y Emilio Moreno (1871), vol. II, pp. 512-513.

Hecho rabias corrió en la mula y gritó al llegar a las calles, como para que bien se le oyesse que ella no lo burlava más. Según y como había salido dos días a comprar belas con una mulatita su esclava y a saludar a una enferma de confianza, le paresció suficiente causa para castigarla [...] y tomó con gritos un garrote y le dió en el ombro de la espalda hasta sederle una costilla, y en la pierna hasta dejarla la carne obscura[19].

Notificado del escándalo, el Justicia suplica una opinión del cura, quien se ofrece para

> [...] reconvenir en sigilo a la joven esposa que tiene culpas, mientras Vmd. habla a don Antonio que sea paciente y manso con las faltas della, y yo con don Juan de Azuaje en nombre de la caridad que olvide el susseso por un convenio cristiano de caballeros[20].

Así debe pasar, pues el expediente se cierra con la opinión del sacerdote y se remite a la curia capitalina sin evidencia de otras averiguaciones. Un «convenio cristiano de caballeros» reemplaza la pesquisa sobre una agresión efectuada con alevosía y ventaja. Seguramente influyera en la decisión el estatus del denunciado, hombre blanco y con bienes de fortuna, pero también parece determinarla la opinión negativa del cura en relación con el tráfico de señoras en la calle, criticable aun cuando procure la adquisición de unas velas y la piadosa visita a los enfermos. Pese a que no se debe penar con la severidad de unos garrotazos, sino con advertencias menos fulminantes, constituye una transgresión de la cual puede pedir cuentas el marido.

Y hasta los hermanos, si se juzga por un episodio ocurrido en Boconó dos años más tarde. Según una denuncia recibida en la iglesia de San Alejo, unos jóvenes de apellido Solares mantie-

---

19 AA. *Judiciales*, Legajo 83, «Notificando del assunto Santéliz». Guanare, 19 marzo de 1802.
20 *Ídem*.

nen prisionera a una adolescente en el corral trasero de la casa, sin permitirle siquiera asistir a los oficios religiosos. Preocupado por la noticia, el párroco exige una explicación. Los Solares satisfacen su curiosidad así:

> Es el caso que nuestro padre don Adolfo viajó a la hacienda al quedar biudo y nos encomendó a Clara, entendida por Bellita, menor de catorse años y hermana pequeña. Y es el caso que ella no obedece y sale todos los días, o vive en la ventana de saludo. Le dissimos por las buenas y no cumplió la ley de estar adentro. Lleva por esso doze días de encerramiento y le damos de comer a sus horas, pero la pasamos al aposento y queda tranquila[21].

La medida de los celosos hermanos no escandaliza al pastor, si observamos lo que anota el escribano en el libro parroquial correspondiente a junio de 1804:

> Entonces el padre pidió que se la traxeran para aconsejarla de no salir a entretenimientos, y los ordenó soportación para un cuido de otro megor modo, y si continuava la Bellita podía llevarse con las monjas[22].

Aquí surge apenas una ligera discrepancia de métodos entre los hombres congregados por la violación de «la ley de estar adentro» que comete una niña agraciada e impulsiva. Predomina el común parecer de alejarla de las calles, sin necesidad de contenerla en un calabozo. Pero se puede trasladar al convento –¿no es, acaso, otra cárcel para Bellita?– si persiste en su precoz vocación de trotadora.

En 1805 se le busca salida al mismo problema por el derrotero del matrimonio. Un padre desesperado por los viajes frecuentes de su hija hacia las tiendas del mercado caraqueño, soli-

---

21 Archivo Parroquial de Boconó, Diócesis de Trujillo, Material sin clasificar, Notas-1804, *Convocatoria de Juan y Pedro Solares*, pp. 6-7.
22 *Ídem*.

cita dispensa para casarla con un primo hermano de carácter destemplado que sabrá recogerla en el hogar.

> Ya de vente i ocho años, edad sin llamativa para los hombres, solicito licencia para que case con el hijo de mi difunto hermano, Luis Bautista Pérez, de genio fuerte que prohibirá sus viajes a los negosios de la plaza, y puede ponerla a tomar gusto por los deberes de la casa[23].

En el plazo de una semana el obispo concede la dispensa con el objeto de lograr el recogimiento de la doncella[24], aunque quizá influyesen también en la decisión los veintiocho años que, según el progenitor, la exhibían como una anciana ante los casamenteros de la ciudad. Era una edad «sin llamativa» para los hombres, pero con «llamativa» para la calle.

Cuando se habita en los campos, son riesgosas las «llamativas» de los caminos de recuas, de acuerdo con el contenido de otra petición de dispensa matrimonial que cursa en noviembre de 1806. Un campesino de los valles de Aragua suplica permiso para casar a su hija de diecisiete años con uno de sus sobrinos, debido a que «[...] ella sale de paseo a ver el paso del pasage y no ayuda en los trabajos, y es peligroso por la soledad de ese paso [...] y gusta poco una muger donsella en eso»[25]. De proseguir la situación, agrega el solicitante, «después vienen las calaberadas»[26]. El obispo seguramente comprende sin dificultad la asociación entre las escapadas al camino y las «calaberadas» de las jovencitas, y lo feo que se ve una ociosa frente al desfile de los viajantes, pues sólo espera diez días para expedir el pasaporte hacia el altar[27].

---

23 AA. *Matrimoniales*, Legajo 102, Solicitud de dispensa presentada por don Mariano Luis de Prado, Caracas, 11 de mayo de 1805, fol. l.
24 *Ibídem*, fol. 1v.
25 AA. *Matrimoniales*, Legajo 108, Dispensa que pide Juan Arcos, San Mateo, 2 de noviembre de 1806, fol. 1.
26 *Ídem*.
27 *Ibídem*, fol. 1v.

Debe ser más riguroso ante un caso planteado por don Julián Montesinos, procurador de los reales tribunales, quien le pide consejo ante la inconveniente insistencia de una ahijada en «gallofear en la plaza mayor»[28]. Corre enero de 1811, hay agitación en el ambiente y se habla de la inminencia de un movimiento político en Caracas. Por consiguiente, el procurador le suplica a monseñor la solución del problema. Veamos qué desenlace propone el mitrado, ante la angustia del peticionario:

> Siendo obligación del sexo devoto hacer verdadera moralidad, la interesada deve aprender sus futuros deveres en el aprendizaje de los oficios caseros y deve no abandonarse a la calle [...] Y que a la menor queja justificada de su padrino se le recluya en un convento, hasiéndolo assí entender a la interessada[29].

El documento episcopal se inscribe dentro del esquema de valores dominante en el resto de las fuentes, según las cuales están las hembras destinadas al recogimiento, especialmente al matrimonio, ajenas a lo que suceda en el exterior de los hogares y obedientes a la guía de los hombres. La decisión, junto con aquellas que la anteceden, traduce en hechos concretos la cartilla que viene divulgando la fe tradicional, igualmente capaz de determinar la redacción de un texto como el que se examina de seguidas, el cual hoy nos debe parecer insólito.

Se trata de un papel expedido en 28 de julio de 1805 por el Teniente Justicia Mayor de la Villa de San Fernando de Apure. A petición de parte interesada, suscribe:

> Certifico en la forma que por derecho puedo y devo por ante los señores que la presente vieren, que por el otro si incerto en el Escrito

---

28 AA. *Matrimoniales,* Explicación que pide Dn. Julián Montesinos, Procurador, Caracas, 14 de enero de 1811, fol. 1.
29 *Ibídem,* fol. 2.

presentado por don Juan del Castillo, no he oydo, sabido, ni entendido cosa alguna que mancille la buena opinión de honradez de su legítima muger, quien se ha portado sin haber dado motivo para que se le sindique cosa alguna que disuene a su arreglada vida, sin ser muger que concurre a fandangos, ni a otras diversiones impropias que se le devan notar, y para que conste doy esta que firmo en esta misma villa[30].

La autoridad no escribe una carta de referencias usual en nuestros días. Determina la ausencia de manchas y disonancias en el comportamiento de una vecina, afirmación a la cual sólo puede llegar después de una investigación susceptible de traspasar los linderos de una rutina íntima. Un escrutinio de la vida privada garantiza que doña fulana Castillo es honesta. En consecuencia, se le debe estimar como tal en la villa de San Fernando. Pero el Justicia Mayor no actúa ante una perturbación colectiva, ni frente al desarrollo de un escándalo que lo conmine a firmar el comprobante, sino movido por el interés del esposo de la investigada. Don Juan del Castillo necesita exhibir ante la gente del contorno la patente de honradez de doña fulana Castillo, porque un delincuente preso en la cárcel le dijo en privado y sin testigos que ella había cometido adulterio con un fraile.

Don Juan pide al Justicia Mayor el interrogatorio de unos vecinos. Quiere que respondan las siguientes preguntas:

> [...] si saben o han oído decir si la señora de don Juan del Castillo ha caído en algún delito y con especialidad en el adulterio, y expresen categóricamente con quien o quienes [...] que declaren si la señora había vivido escandalizando al público con su desarreglado modo de vivir, o si de contrario la han conocido viviendo en su casa tranquilamente criando, sustentando y educando a cinco hijos del

---

30 AA. *Judiciales,* Legajo 129, Don Juan Castillo justificando la buena conducta de su mujer, 1805, fols. II v-12.

matrimonio [...] declaren si la señora anda saliendo de su casa y si se entretiene y falta al cumplimiento de sus obligaciones por andar en diversiones profanas como toros, comedias y fandangos; o si por el contrario se entretiene en oficios onestos buscando por medios lícitos el auxilio de ayudar a mantener a nuestros hijos e hijas[31].

La autoridad ordena la comparecencia de dos hacendados, de un dependiente de una casa comercial, de un sargento de las milicias y de un pariente del cura, hombres «tímidos de su conciencia», quienes acreditan la buena conducta de doña fulana porque:

[...] no ha dado motivos para que se le note malavida y procedimientos, sin ser muger que trafica calles, no es de la que atraviesan calles y sólo si ocupada en los oficios de su casa, sin estar en corrinchos y fandangos[32].

Se debe suponer que la calma retorna al ánimo de don Juan, cuando obtiene el certificado luego de que los vecinos garantizan que su mujer ni siquiera es ventanera, mucho menos ligera de cascos.

Pero, aun cuando sucedan episodios como los descritos y abunden los bombardeos en favor del matrimonio que se han visto, en casos extremos las mujeres intentan la disolución del vínculo. En el Archivo Arquidiocesano de Caracas pasan del centenar las solicitudes introducidas por mujeres entre 1800 y 1900, con el objeto de obtener la separación de sus legítimos esposos[33]. Sin embargo, atención, ¿refleja el número de peticiones, la existencia de una rebelión de las medias naranjas aceptada por la Iglesia y tolerada por la sociedad? La muestra que se presenta de seguidas no permite desembocar en semejante conclusión.

---

31 *Ibídem*, fols. 5-5v.
32 *Ibídem*, fols. 6v-9.
33 La mayoría de las solicitudes se localiza en la Sección *Matrimoniales*. También hay unas pocas en la Sección *Judiciales*.

Veamos, por ejemplo, el caso de la valenciana Ramona Rodríguez, quien en febrero de 1800 promueve «causa de divorcio» contra su marido Félix Martínez, «por el sangriento y mal trato cruel que le da»[34]. Debe tener fundamento la petición debido a que, cuando recibe las primeras denuncias de la señora, el Vicario Foráneo ordena que la saquen del hogar «con soldados armados de fusiles, un notario, el Escribano Público y con un Ayudante o Ministro de Justicia»[35]. Sin embargo, el marido se considera agraviado por el escándalo y pide:

> Que se averigüe de prisa si no he estado en la tranquila y quieta posesión de mi esposa[36].

Dos vecinos respetables acuden a favorecer a don Félix. Uno de ellos, médico de profesión, asegura cómo «retiene a su mujer con dulzura, sin haber oydo nada en contrario». El otro, un abogado anciano, jura ante el crucifijo que el marido «[...] contiene y manda a su mujer en tranquila paz»[37]. Como, de acuerdo con los testimonios, el señor Martínez cumple la obligación de evitar que una criatura de la casa se convierta en andariega, como posee sin alardes aquello que la costumbre le permite poseer, la autoridad cierra el expediente luego de ordenar a doña Ramona el uso de la santa paciencia.

Algo semejante le pasa en 1812 a Josepha Meléndez, vecina de Barquisimeto. Suplica al obispo que anule su matrimonio porque el marido usualmente se pierde en diversas correrías, mientras la deja encerrada sin comida en el aposento, «con llave, tranca y candados»[38]. No miente la doméstica prisionera, pero su prisión

---

34 AA. *Matrimoniales*, Legajo 141, Causa de Divorcio que sigue Doña Ramona Rodríguez, 1800, fol. 1.
35 *Ibídem*, fol. 1v.
36 *Ibídem*, fol. 3.
37 *Ibídem*, fols. 7, 9.
38 AA. *Matrimoniales*, Legajo 145, Causa de divorcio que sigue Dn. Josepha Meléndez contra su legítimo marido D. Andrés Cereda, de Barquisimeto, porque la abandona sin manutención, 1812, fol. 1.

no se observa como un episodio criticable. De acuerdo con un testigo llamado Pedro Torrealva, peón en una finca próxima:

> Dn. Andrés Cereda no permite salidas a su muger de acuerdo con la enseñanza de Dios, y le deja una alimentación para el abrigo que le debe[39].

Aunque sin invocar al Creador, un tendero que trabaja en la casa contigua confirma la versión: «Lo ha visto encerrarla por varios días mientras sale a el Valle de Quíbor para evitar algún escándalo, y no la abandona sin alimento y también la ha dejado con una criada»[40]. Como se puede apreciar, la gente sencilla no advierte nada insólito en el episodio de clausura. Tampoco el juez eclesiástico, pues archiva el expediente sin reconvenir siquiera al cancerbero[41].

Una solicitud de divorcio cursada desde San Mateo en 1835 y sustentada en razones de violencia tampoco satisface a la peticionaria, como consecuencia de la actitud de los vecinos ante el hecho. Luisa García pide a la curia que la libre del marido, «por unos palos que le ha dado»[42]. El acusado no niega la acusación, pero justifica su severidad señalando cómo

> Ha debido contenerla porque salió a ver una marcha de soldados sin permiso, y nadie vio mal en el acto de contenerla[43].

Juan Martínez, un vendedor de caballos conocido en la región, comparte el parecer: «Le consta [dice] que la mandó a castigar por salir, pero no hizo escándalo que llegara al vecindario»[44]. Una dueña de haciendas que depone ante el tribunal, doña

---

39 *Ibídem*, fol. 3.
40 *Ídem*.
41 *Ibídem.*, fol. 5.
42 AA. *Matrimoniales*, Legajo 150. Doña Luisa García, vecina de San Mateo, contra su legítimo marido Dn. Elías García, por unos palos que le ha dado, 1835, fol. 1. 13.
43 *Ibídem*, fol. 2.
44 *Ibídem*, fol. 3.

Petrona Márquez, tampoco se alarma por la paliza que recibió su vecina. Así declara:

> Dn. Elías García disciplina a su muger sin cebarse en ella, y sin perturbaciones[45].

Por consiguiente, no hay motivos para el divorcio. El marido reprende a la esposa en silencio, sin exceso de golpes y sin estorbar la rutina del pueblo. Ni siquiera una matrona honorable se preocupa por el suceso, pese a que puede manifestar compasión frente a la tragedia sufrida por una persona de su mismo sexo. La autoridad entiende que son razones suficientes para ordenar que el matrimonio de los señores García continúe como antes. Así lo ordena cuando cierra el expediente, aunque cobra las costas del juicio al portador del garrote[46].

Aun cuando la violencia del marido se convierta en una escena callejera, no prosperan las solicitudes de divorcio hechas por las víctimas. Así se desprende de una carta que la curia capitalina remite a Mariano, Obispo de Guayana, el 4 de agosto de 1848. De acuerdo con el documento:

> Dolores de Gómez, de la Diócesis de V.S. Illma, se ha presentado pretendiendo el divorcio de su legitimo marido, Eloy Gómez, porque la ha golpeado en público de la gente. A través del Venerable Cura de Puerto S. [sic] se le ha aconsejado de no proponer salida tan extrema, pudiendo manejar la situación por medios privados[47].

El Pastor de Guayana ve con buenos ojos el contenido de la misiva, pues responde con un lacónico «estoy de acuerdo»[48]. Una respuesta semejante produce el Discreto Provisor y Gober-

---

45 *Ídem.*
46 *Ídem.*
47 AA. *Matrimoniales*, Legajo 290, Correspondencia remitida a Mariano, Obispo de Guayana, Caracas, de 4 agosto de 1848.
48 *Ibídem*, esquela anexa.

nador del Arzobispado de Caracas, Salustiano Crespo, ante un informe de 1881 que le habla de «una tal española que por cada golpe del esposo quiere acudir a Roma». «Es preferible que acuda a la oración», propone el jerarca[49]. Acaso pensara que por esa minucia la «tal española» no debía molestar a Su Santidad.

En un ambiente dominado por la sensibilidad exhibida por los prelados y por la gente sencilla frente a la anulación del matrimonio, se pueden entender las excusas que presenta en 1871 Rufa Josefa Gil, vecina de La Guaira, cuando pide al padre Miguel Antonio Baralt, Juez Comisionado y Vicario, que la libre de José Gregorio Castro, su marido. Ávido de dinero para usarlo en francachelas, José Gregorio ha llegado al extremo de vender los muebles de la casa. No pasa un centavo para el mantenimiento del hogar y la amenaza cuando ella ensaya un tímido reproche. En la casa del matrimonio reinan el hambre y la soledad. Pero Rufa Josefa siente que al tribunal no le basta la narración de su tragedia. Por consiguiente, refuerza el relato con una suerte de declaración de buena conducta. Cuando se presenta por primera vez ante el sacerdote, aclara:

> Siempre he tratado de cumplir las condiciones que la sociedad ha establecido para la regularidad y existencia del matrimonio[50].

Y más adelante llama la atención sobre:

> Mi adoptada resignación para llevar los excesos y demasías de mi marido, y mi decisión a complacerle[51].

Pese a las ofensas que ha soportado, vemos cómo la feligresa insiste sobre su respeto a las reglas de convivencia marital que

---

49 AA. *Matrimoniales*, Legajo 339, Informe del Pbro. Salustiano Crespo, Discreto Provisor, Vicario General y Gobernador del Arzobispado de Caracas y Venezuela. Caracas, 23 de noviembre de 1881.
50 AA. *Matrimoniales*, Legajo 328, Rufa Josefa Gil contra José Gregorio Castro, vecino de la Villa de La Guaira, por divorcio, 1871, fol. 1v.
51 *Ibídem*, fol. 6.

conocemos: paciencia, silencio, obsecuencia, sumisión... Pero no logra el cometido. El Vicario niega la solicitud y le pide que regrese en paz, porque está vedado desatar lo que Dios ató y porque la mujer debe respeto al hombre, según se ha sugerido desde el 1800 a través de un discurso cuyo contenido parte de la cruda reconvención para luego llegar a sugestiones menos enfáticas.

CUANDO EL DIABLO ES EL SASTRE

En relación con el traje femenino se sigue entonces un itinerario semejante. A principios de la centuria se le controla como en tiempos coloniales, pero después se prefiere el camino de las advertencias y los ejemplos. En la Caracas de la primera década del siglo, se pretende seguir las instrucciones del obispo Ibarra, quien se atiene a la tradición de Díez Madroñero prohibiendo drásticamente el uso de:

> [...] modas horribles y traxes indecentes pecaminosos y de los que causan escándalo, trasparentes que desdigan a la modestia, buena crianza y compostura[52].

Porque, ¿qué tipo de mujeres puede usar una indumentaria semejante? Un expediente de 1809 las identifica en sentido genérico:

> Es ropa mandada a hacer a las mugeres corruptas y deshonestas, que dice San Juan Crisóstomo: a las infelicísimas víctimas de pública liviandad que titula Tertuliano: a las nunciadoras de un corazón adúltero, que llama San Agustín: a la caza de todos los demonios diformes, como se expresa San Gerónimo: y a los órganos de Satanás dichos por San Bernardo[53].

---

52 AA. *Judiciales*, Legajo 132, año de 1809. En el expediente se transcriben las referidas pautas de Ibarra sobre indumentaria pecaminosa.
53 *Ídem*.

Desde su ascenso al obispado de Caracas, ocurrido en 1800, el doctor Francisco de Ibarra empieza a ver los síntomas que anuncian una invasión preparada por los «demonios diformes». Las muestras del pernicioso acontecimiento hacían que la ciudad mostrara una faz diversa que lo agobiaba de dolor. Dice Ibarra en Carta Pastoral:

> Al ingreso de este nuestro obispado, amados hijos míos, advertimos un exceso de lujo y de inmodestia extendido con tal rapidez que nos hizo desconocer la Ciudad de donde habíamos pocos años antes salido, y llenó nuestro corazón de amargura y le cubrió como una densa nube de la tristeza más profunda. Veíamos los flecos, las blondas, los pañuelos relucientes, los velillos más finos, y cuanto servía a la vanidad y ruina de las familias, no a la necesidad y decencia conveniente. Notábamos que esta pompa se presentaba hasta en las gentes de inferior clase, en sayas de seda con flecos costosos, paños bordados, cintas y adornos para ellas muy sobresalientes[54].

Si se ve el asunto desde la óptica de nuestros días parecería inexplicable que el jefe de la Iglesia mostrase alarma por la galanura de los feligreses, en lugar de regocijarse por observarlos con vistosos arreos, especialmente en el caso de los pobres; y que, en lugar de una ciudad alegre, viese a Caracas como un abismo de perdición. Pero en el 1800 se está ante un hecho preocupante para la autoridad eclesiástica: el avasallamiento de la virtud de la modestia por la fuerza del pecado de la vanidad, pugilato que podía conducir al desenfreno de la carne[55]. De seguidas, el mitrado llama la atención sobre el riesgo:

> Al mismo tiempo observábamos que [...] las galas se disponían de suerte que descubriesen el cuerpo de las mujeres. Los velillos los más

---

54 AA. *Episcopales,* Legajo 41, Carta Pastoral de don Francisco de Ibarra, sobre disolución y vía mundana. Caracas, 29 de octubre de 1803, fol. 205 v.
55 Para este punto, véase Elías Pino Iturrieta (1992).

transparentes, las mantas que más se traslucieran y que no cubriesen la cabeza, ni la espalda, las mangas cortadas que descubriesen la espalda, que defundasen los brazos, las camisas descotadas, o ceñidas de suerte que presentasen con mucha distinción los pechos, y sobretodo, cierto decoro, libertad, poco pudor y franqueza que se manifestaba en el paso, en la risa, en la llaneza, en los enlaces de brazos de hombres y mujeres públicamente por las calles, valses inhonestos, poco recato, palabras o desenvueltas o sospechosas, modos provocativos, y en fin cuanto podía ofender la modestia cristiana y cuanto podía fomentar la disolución de una vida mundana de vanidad, paseos, juntas ociosas, convites y diversiones[56].

La Carta Pastoral asocia los cambios de la moda femenina con la pérdida de la tiesura —compostura, diría un clérigo conservador— propia de la sociabilidad tradicional, o de la sociabilidad permitida por los mandamientos del templo. En atención al sexo y a la calidad social, la tiesura de la indumentaria y de la etiqueta establecía distancias entre las personas, tras la meta de contener en su lugar a los estamentos y a la carne. Ahora, cuando comienza el siglo XIX, el atrevimiento de los camisones hace expeditos unos vínculos personales y grupales cuyo exclusivo objeto es la diversión, como si no fuera este mundo un valle de lágrimas en el cual se debe preparar el camino de la salvación con la virtud y con la penitencia. Por consiguiente, según las letras del pastor, los vestidos en boga desembocan en una violación masiva de la ortodoxia, no en balde han penetrado la rutina de la «multitud promiscual»[57]. Para corregir el extravío, Monseñor prohíbe que los hombres paseen con las mujeres «enlazados de brazos», y exhorta a que ellas participen en los Ejercicios Espirituales de San Ignacio que se realizarán durante los siguientes meses del año[58].

---

56 *Ídem.*
57 *Ídem.*
58 AA. *Episcopales*, Legajo 41, Carta Pastoral de Don Francisco de Ibarra..., 1803, fol. 210 v.

La campaña no cumple el objetivo, pues el jerarca vuelve sobre el asunto en 1806 en un tono apocalíptico. Anuncia «el azote de la Divina Justicia» debido a la persistencia del terrible mal. Se trata de la misma tribulación que amenazaba a los fieles desde el 1800:

> [...] un traje inmodesto, lascivo e incitativo, con que se dejan ver en estas calles, y aun en estos templos, gran parte de las mujeres: seria increíble aun en los turcos, Moros y otras Naciones paganas, si se les refiriese que en una Ciudad Católica han tomado las mujeres cristianas el impuro trage de sus públicas rameras [...] Y a la verdad que ojos cristianos no pueden ver algunas de las mugeres que aparecen en los lugares públicos con ambos brazos totalmente desnudos, con los pechos levantados y descubiertos, con la cabeza, espalda y hombros visibles por una red y llamando la atención por unos curiosos relucientes adornos[59].

A continuación llama a esas mujeres «Ministras de Satanás» y ordena a los curas que no les administren los sacramentos[60]. Pero, si insisten en «ese libidinoso atractivo», el castigo será pavoroso:

> Debemos esperar que [...] justamente irritado el Omnipotente, descargue por último en esta Provincia un severo castigo, en que sehamos todos comprehendidos, unos por sus iniquidades, y otros porque no las corrigieron[61].

Movido por el mismo parecer que vincula la ropa transparente con las legiones infernales, en 1816 el recién electo Obispo de Mérida de Maracaibo publica una Instrucción severa *Sobre Trages indecentes de las mujeres*. Contristado por la proliferación de escotes, dice a sus curas:

---
59 Citado por Frederique Langue (1992).
60 *Ídem*.
61 *Ídem*.

Con harto dolor de nuestro corazón se Nos acaba de informar se va introduciendo entre otras el trage deshonesto y provocativo (o désele otro qualesquier nombre) y que el mal cunde como mala cizaña, y plantío diabólico. Por tanto, aunque solo creamos le usen y quieran continuar usando, las que sin pudor ni vergüenza quieran también poner como en venta la honestidad por no decir declarar fingen lo que hayan perdido; renovando todas las Pastorales y sus penas, que antes de ahora se hayan publicado, desde los tiempos de nuestro antecesor, de vestidos indecentes; mandamos, bajo pena formal de obediencia, a todos los confesores seculares y regulares, suspendan la absolución a cuantos y cuantas en dicho desorden tengan parte, intervención o influencia alguna culpable, hasta que con efecto se hayan enmendado; y quemado y deshecho dichos camisones, o eficazmente persuadido a que así se ejecute, a medida de la culpa que tuvieron; imponiéndoles a más de esto la penitencia de siete o nueve días del ejercicio del Via-Crucis, postrándose en tierra y besándola en todas y cada una de las estaciones [...] A las Señoras y otras personas de cristiandad y virtud les pedimos y rogamos afeen y envilezcan dichos y todos otros trages indecentes: no se acompañen y huyan de gente de tan mal olor, de tan vil comercio, de tan desenvuelta prostitución: las detesten y abominen, como peste la más dañosa de los pueblos católicos[62].

La enfática disposición no describe la indumentaria proscrita, pero explica la razón de la prohibición. Se refiere a la veda plena de los vestidos que provoquen, esto es, aquellos que atraigan los sentidos de los hombres; aquellos que, por consiguiente, inviten a la lujuria. El vestido de la mujer, arreglado de torva manera, inicia un tráfico que concluye en el sexo. De allí su proscripción mediante penas severas y la solicitud de su destierro de la vida cotidiana, el cual implicaba no sólo el apartamiento de las mal vestidas sino también de quienes les compraban la ropa y de los sastres que la confeccionaban.

---

62 Sobre trages indecentes de las mugeres. Instructivo de Rafael Lasso de la Vega, Obispo Electo de Mérida de Maracaibo, 13 de enero de 1816. Antonio Ramón Silva (1922), vol. IV, pp. 20-21.

Ciertamente produce el documento gran revuelo en la Diócesis, pues cualquier devota podía sentirse aludida ante lo genérico de su contenido, mientras los curas debían estar ocupados en la cacería de camisones «torpes», así como ordenando el vía crucis a las insinuadoras de placer mediante fustán. En consecuencia, se suplica al prelado una orden más específica. Su respuesta detalla, por fin, los malévolos objetos que persigue:

> Venimos en declarar [dice] no se prohibieron otros que los de pechos fingidos, tuviesen o no tuviesen este nombre[63].

De acuerdo con un obispo venezolano de 1816, pues, pecan las mujeres que abultan sus pechos por medio del artificio. Acaso en este solo aspecto lo acompañara multitud de feligreses.

En San Fernando de Apure debe ocurrir en 1817 una epidemia de escotes y una generosa exhibición de pantorrillas, debido a que un cura llamado Pheliphe Durán lo comunica al ordinario pidiendo instrucciones contra el suceso. Dice el padre Durán:

> La depravación de la villa tiene raíz en la mala hierba de los ropages indecentes, de poca tasa de telas en el frente o cerca de las zapatillas llevados por las blancas y las mulatas. Vienen así a la plaza y también a una procesión que paresció jarana, en grande falta a la Divina Magestad. Espero la autoridad de S.S.I. para bien apercibirlas por corrupción y fijarlas en tablillas, pues cualquier pena vale con la orden de S.S.I.[64]

Nadie sabe si el cura de San Fernando conmina de nuevo a las pecadoras por la ligereza de su indumentaria, o si lanza sus nombres al deshonor anunciando su identidad en el portón

---
63 *Ibídem*, p. 31.
64 AA. *Episcopales*, Legajo 34, 25 de marzo de 1817. Carta del presbítero Pheliphe Durán.

del templo. Pero es indudable cómo predomina una postura de expresa represión ante la falta.

Todavía en 1822 permanece la posición frente a la indumentaria seductora, pero varía la manera de reprimirla. En lugar de declaraciones escandalosas y penitencias de espectáculo, el prelado de Mérida sugiere prudentes llamados de atención:

> El Cura o Sacerdote que se hallase en la Iglesia se acercará a la persona inconvenientemente vestida, y con mansedumbre le advertirá conviene se retire; si no obedeciere por la primera, segunda y tercera vez, se apague la lámpara, cesen los Oficios y manden salir de la Iglesia a los demás fieles: todo con la mayor prudencia; y avisando cuanto antes al Señor Provisor o Vicario del Partido[65].

Por lo menos se decreta un plazo de espera, antes de lanzar la primera piedra. Pero en adelante, ya autónoma la república, cesan las amenazas para dar paso a la publicidad.

Una orden episcopal dispuesta en Caracas en 1863 establece la diferencia:

> El grado de relajamiento no permite otra cosa que insistir en la prensa y en conversaciones doctrinales, sobre los vestidos insinuantes que abundan mucho, aún frente a nuestros ojos[66].

En 1826 se edita *El Canastillo de Costura*, primer impreso venezolano que se dedica expresamente a las mujeres, en el cual se recomienda a «las republicanas y colombianas» el uso de bucles, en lugar de crespos al lado de la frente, «vestidos para bailes de raso, y sobretodo de tul, talle bajo con cinturón de color ceñido al lado izquierdo con una hebilla, o broches de piedras»; o «trages

---

[65] Disposiciones del Sínodo sobre trajes indecentes, 30 de noviembre de 1822. Antonio Ramón Silva (1922), vol. IV, pp. 183-184.
[66] AA. *Episcopales*, Legajo 53, Instrucción sobre la moda femenina. Caracas, 10 de julio de 1863.

de lino francés de hilo con guarniciones de encajes» para asistir a las visitas de cumplimiento. Se les sugiere, además, «Andar grave y garboso», para realzar la elegancia[67]. A partir de 1839 circulan revistas como *La Guirnalda. Dedicada a las hermosas venezolanas*, en la cual se anuncian encajes, vestidos de seda, flores para tocados, «gorras a la Bibí para añadir la gracia del misterio a los picantes y lindos rostros de nuestras bellas suscriptoras», «boás» o chales negros guarnecidos de pieles blancas, rasos estampados para lucir en las recepciones, adornos «como en los figurines más recientes de París» y variados recursos para hacer más evidente la belleza[68].

La incitación no se queda en las páginas del impreso, si leemos las observaciones de Miguel María Lisboa, diplomático brasilero que nos visita en 1847. Las damas están pendientes de la evolución de la indumentaria, hasta el punto de adelantarse a las indicaciones de la prensa local y a las noticias que llegan con tardanza de Europa.

> [...] las modas parisienses no llegan a Caracas con la misma diligencia, prontitud y regularidad con que llegan a Río, lo que da lugar a que algunas caraqueñas, utilizando las facilidades que les proporcionan sus activas corresponsales de París, se inician con anticipación en los importantes arcanos de los Baisiens y de los Constantins, se anticipen y brillen sobre las demás[69].

Quizá por tal motivo, el agente británico James Mudie Spence cae rendido ante la sobria elegancia de las aristócratas asiduas a la corte de Guzmán Blanco, cuando las ve en una recepción ocurrida en 1872. Reunidas en un lujoso salón:

---

67 *El Canastillo de Costura*, Caracas, Imprenta de Devisme Hermanos, 1826. En la Biblioteca Nacional, Colección Arcaya, se encuentra una serie incompleta de sus fascículos.
68 *La Guirnalda. Dedicada a las hermosas venezolanas*, Caracas, 1839-1840. Existe una serie completa de esta revista en la Colección Arcaya de la Biblioteca Nacional.
69 Elías Pino Iturrieta y Pedro Enrique Calzadilla (1992), p. 38.

Las damas estaban vestidas a perfección. Costureros de conocida habilidad abundaban en Caracas, y el natural buen gusto del bello sexo de la metrópoli impedía que estas damas exageraran la decoración de sus patrones[70].

Tales pueden ser, seguramente, los síntomas de relajamiento que advierte el Arzobispo cuando sugiere la mudanza de estrategia.
¿Qué hacer ante tanto miriñaque que se anuncia paladinamente en la prensa? Si ya no convienen los castigos, publicar poemas que los relacionen con la falta de criterio y con la errada educación Como el siguiente, que edita *El Vigilante. Diario Católico*:

> Veis aquella mujer vana
> que con procaz atavío
> Las leyes del pundonor
> ha dejado en el olvido
> a quien califica el mundo
> de mujer de poco juicio
> y que labra la desgracia
> de su esposo y de sus hijos?
> –Esa mujer no aprendió
> cuando niña, el Catecismo[71].

O exposiciones ásperas de aquellas fieles que no moderan el vestuario cuando asisten a los templos. Así, por ejemplo:

> ¿Hay espectáculo más repugnante que el de una joven profanamente engalanada, arrodillada como por irrisión ante Dios, pero distraída y vaga, como buscando miradas y adoraciones? Casi, casi se le podría decir, con Ochoa: Profanación! insensatez! agravio! /

---

70 *Ibídem*, p. 237.
71 Antonio Bedmar, «Apología del Catecismo». *El Vigilante. Diario Católico*. N° 6, Caracas, 21 de abril de 1890.

Remedo infiel de un corazón contrito! / La oración en el labio / Y en el pecho el delito[72].

Como se observa, continúa la crítica contra las «mal ataviadas», en términos duros y cargados de reproches, pero no se insinúan las reprimendas. Constituye la nueva manera de atacar uno de los signos de la mundanidad, una de las representaciones más comunes de la «mala vida», mientras las pastorales y las penas sobre la materia pasan al archivo como evidencia de tiempos mejores para la cátedra sagrada.

NIÑA: NO BAILES, NI LEAS

También el baile es uno de los elementos de la mundanidad que se ataca desde antiguo, como vehículo de subversión moral que trastorna el establecimiento a través del vericueto de las diversiones[73]. Pero sólo en 1804 se le pretende prohibir del todo, en la celebración de las fiestas de Nuestra Señora de Belén que deben efectuarse en la población de San Mateo. El Arzobispo Ibarra ordena la proscripción de la danza profana mezclada en el regocijo patronal, debido a que es «fuente de corrupción», muestra de «pública liviandad y agente de Satán», pero debe modificar la orden ante las presiones de los organizadores del ritual que han gastado dinero en su preparación[74]. En definitiva se puede bailar entonces, pero sin mucho contoneo ni mezclas en la liturgia y en la procesión.

Pero la indulgencia que muestra en las fiestas de San Mateo, no le impide apostrofar el baile en términos genéricos. Su Carta Pastoral de 1806 lo denuncia como resorte de la las-

---

72 *Publicación Religiosa. Por varios autores católicos*, La Victoria, 1 de octubre de 1881.
73 Véase Julio Caro Baroja (1965); Michel Foucault (1986); Juan Pedro Viqueira (1987); Frederique Langue (1991).
74 Frederique Langue (1991).

civia por designio satánico, como aniquilador de las virtudes provinciales y como incitador de la cólera celestial. Así exclama el arzobispo:

> No podemos dejar de llorar amarguísimamente los indecibles horrorosos pecados que produce un mal que hasta ahora no sabemos se haya permitido, ni conceptuamos que jamás pudo ejecutarse aún entre los más bárbaros Gentiles. El palparse, abrazarse, besarse, enlazarse y de diversos modos unirse, estrechamente y rozarse cuerpo con cuerpo, carne con carne, vestido con vestido entre hombres y mujeres, mozas y mozos, y aun ancianos y ancianas a vista, ciencia y consentimiento de Padres y Madres, de Señores y Señoras, o ejecutándolo por sí, o consintiéndolo a sus hijos e hijas, criados y criadas, ningún racional habrá llegado a conceptuar que en algún tiempo se permitiese. ¿Y no es esto lo mismo que se está haciendo y permitiendo en esta Ciudad en estas danzas, contradanzas y bailecillos que actualmente se practican? ¡O infeliz Provincia de Caracas, pues en ti ha plantado ya el Demonio Asmodeo la pública deshonestidad encubierto su honor a pretexto de esos bailes! ¡O desdichados moradores a quienes amenaza la ira del Omnipresente con tanta desvergüenza ofendido![75]

La admonición concluye solicitando la colaboración de las mujeres «de noble calidad» y de los caballeros mantuanos, con el objeto de evitar ese prólogo del coito en que la Antigua Serpiente había convertido la afición por la danza[76]. Con el soporte más robusto del establecimiento, la aristocracia agraria y comerciante, confía Ibarra en el descalabro de Asmodeo.

Pero Asmodeo continúa su trabajo en 1830, si nos guiamos por las crónicas sobre bailes que son frecuentes después del desmembramiento de Colombia. En la prensa se describen los

---

75 Citado por Frederique Langue (1992), p. 25.
76 *Ídem.*

saraos y se lamenta que no prolifere «el precioso movimiento de los cuerpos a través de las sonoras vibraciones de la música»[77]. Pero los extranjeros que nos visitan a lo largo del siglo, atentos a los pormenores de la vida cotidiana, advierten lo contrario: calidad, cantidad y atrevimiento. Así, por ejemplo, Miguel María Lisboa, quien en 1844 se regocija al observar la contradanza ejecutada por las caraqueñas, pues la bailan «[...] no con el aire de vals pausado [...] sino como una especie de fandango muy agradable que participa ligeramente de la cadencia de la rumba [...]»[78]. Más adelante hace una observación sobre la contradanza, que podía alarmar a la cátedra ortodoxa. Dice que:

[...] si algo tiene de lascivo, es la poesía de la lascivia[79].

En 1849, el naturalista y explorador alemán Karl Appun describe una recepción bailable celebrada en San Felipe. Disfruta en extremo del festín, debido a que en él «[...] brillaban centenares de negros ojos pertenecientes a las bellezas femeninas»[80]. Pal Rosti, fotógrafo de Hungría que nos visita en 1857, ve bailar con galanura la polka y el vals por «bellas señoritas» de labios color de rosa[81]. Según el taxidermista y explorador Antón Goering, quien viene a Venezuela desde Sajonia en 1874, en Maracaibo se practican gavotas que llenan a los participantes de «un alegre desenfreno [...] hasta bien entrada la noche»[82].

Invitado por doña Carlota de Guzmán, James Mudie Spence asiste a un sarao animado por una excelente orquesta y caracterizado por la riqueza de una indumentaria, que se vuelve sugerente como consecuencia del movimiento femenino tras los compa-

---

77 *La Guirnalda. Dedicada a las Hermosas Venezolanas*, N° 1, Caracas, 18 de julio de 1839.
78 Consejero Lisboa (1954), p. 66.
79 *Ídem*.
80 Elías Pino Iturrieta y Pedro Enrique Calzadilla, (1992), p. 64.
81 Pal Rosti (1968), p. 72.
82 Elías Pino y Pedro Calzadilla, *Ibídem*, p. 165.

ses de la polka[83]. Enviado en 1877 por la Academia de Ciencias de Alemania, llega Karl Sachs a estudiar los tembladores. Mas cuando deja a sus especímenes para pasar un rato con «la mejor sociedad», se impresiona por la abrumadora afición hacia el baile. De allí que escriba en su libro de recuerdos:

> En muchas casas se escucha música y baile. La gran pasión de las criollas por el baile es la causa de que en Caracas se encuentre un piano en cada casa acomodada, en la cual, sin embargo, casi no es usado sino para bailar. Así, pues, por la noche, de paseo por la calle, se oye aquí y allá el ritmo cojo, y sin embargo tan gracioso, de la danza y del vals, que aunque derivan de la música española, han adquirido un sello especial en las tierras criollas. En el baile es que son más irresistibles las criollas. Bailan con el cuerpo y con el alma[84].

Numerosos testimonios, en suma, hablan del entusiasmo que despertaba en todos los estratos de la sociedad una fiesta con orquesta y danzarinas[85]. Si así están las cosas, no puede la Iglesia retomar el hilo de las reprimendas y las amenazas corrientes del pasado.

En su lugar, emprende una faena pedagógica que consiste en explicar mediante sus periódicos las ofensas encubiertas en el tripudio. De nuevo la *Crónica Eclesiástica de Venezuela* nos ofrece una estupenda muestra en este sentido, pues, así como atacó la concupiscencia a través de la narración de un suicidio, ataca el baile mediante la transcripción de un diálogo entre un anciano sacerdote y su sobrina adolescente. La jovencita quiere saber si puede asistir a una fiesta bailable y el viejo no le niega el permiso, porque «el baile es inocente por sí mismo», pero antes le dispara

---

83 *Ibídem*, p. 237.
84 *Ibídem*., p. 257.
85 En *La Guirnalda*, ya referida, abundan noticias sobre este particular. Sucede lo mismo en *La Opinión Nacional*.

un imponente elenco de autoridades paganas que tenían la peor opinión sobre el evento que llamaba su atención. Le dice, en efecto:

> Cicerón, teniendo que defender al Cónsul Lucio Murena acusado de haber bailado, exclamaba: ¡No es posible hacer creer un hecho semejante, sobre todo respecto de un Cónsul, sino manifestando los vicios a que ha estado sujeto antes de entregarse a ese género de excesos; porque nadie baila, ni en particular ni en un festín arreglado, a no ser que esté ebrio o loco. El baile es el último de todos los vicios, y los encierra a todos! Demóstenes, el príncipe de los oradores griegos, queriendo hacer odiosas las gentes del séquito de Filipo, rey de Macedonia, las acusa públicamente de haber bailado [...] Ovidio, ese poeta voluptuoso tan poco severo en su moral, llama los lugares del baile, lugares de naufragio para el pudor, y los bailes mismos cimientos de vicios. Y no quiero citar las palabras de Aristóteles, de Platón, de Séneca, de Scipión[86].

Seguramente ni la niña de la anécdota, ni las lectoras de la época, tenían conocimiento cabal del mentado repertorio de personajes, pero es tan contundente que puede apagar el gusto por unas polkas. En todo caso, de seguidas se citan unas autoridades con las cuales pudo tenerse mayor familiaridad entonces: dos santos de reciente canonización.

> El baile mundano, dice San Carlos Borromeo, no es otra cosa que un círculo cuyo centro es el demonio y sus esclavos la circunferencia: por lo cual raras veces, o quizá nunca, se baila sin pecado. El uso de los bailes, dice San Francisco de Sales, está de tal manera destinado al mal por las circunstancias, que el alma se encuentra en ellos en grandes peligros[87].

---

86 Moral importante para ambos sexos. *Crónica Eclesiástica de Venezuela*. N° 74, Caracas, 6 de agosto de 1856.
87 *Ídem*.

A continuación, el consejero se interroga sobre las tales circunstancias en un tono repleto de sospechas:

> ¿Por qué desagrada el baile de un solo sexo? ¿Por qué desertarían todas y todos, si en el salón se encontrasen hombres solos y mujeres solas? Luego hay un secreto en esto. Luego en la reunión de los dos sexos hay algún interés que no se quiere decir, pero que se deja comprender. Luego, ese secreto contiene algo que no es bueno. Serían muchos los luego, si continuase las deducciones. ¿Qué, ese reposo recíproco de los rostros sobre los hombros descubiertos, esos sueños misteriosos dulcificados por las armonías de una música encantadora, esos abrazos estrechos no dicen nada, no indican nada, no significan nada?[88]

El alegato termina en una referencia al ocio que rodea el suceso: se piensa en el baile muchos días antes de ir, «y aún durante la oración»; se pierde el tiempo en el tocador; se pierde el tiempo en cuchicheos y rumores y se gasta el dinero que debe destinarse a caridad. Además, en los bailes «los criados no vigilan, se descuidan y hacen cosas que ni siquiera deben hacer los amos»[89]. Después del terminante comentario el anciano del cuento, en señal de liberalidad, entrega a su sobrina la decisión final. No le impone ninguna prohibición. La deja frente al pecado, para que lo tome o lo deje. Así muestra la nueva manera de impartir la lección que la Iglesia practica ante una tacha condenada por el Espíritu Santo.

Las novelas, «plaga fatal» de la mundanidad y espejo de la mala vida, son el otro quebradero de cabeza que sufre nuestra Iglesia decimonónica. Su presencia es un asunto de sanidad social, de acuerdo con los juicios de *El Áncora. Diario Católico,* que incluye el párrafo siguiente en su edición del 19 de octubre de 1886:

---

88 *Ídem.*
89 *Ídem.*

Higiene.- Con este título trae nuestro estimado colega *El Popular* de hoy, un suelto en que advierte a los padres de familia sobre el deber en que están de no permitir entrada en su casa a ciertos jóvenes que llevan podrido el corazón por la lepra infecta de los vicios. Ahora se nos ocurre preguntar, ¿qué se ganará con alejar ese enemigo si en el periódico se manda a las familias una novela inmoral, que pervierte más que el trato con gentes depravadas?[90]

La influencia de las novelas es masiva, de acuerdo con la fuente, pues hasta circulan en la prensa. Las entregas del periódico las conducen a las manos de las «hijas de familia», en evidencia de un fenómeno jamás ocurrido en el país. Es un problema digno de especial atención, debido a que:

[...] esa lectura obceca el entendimiento extraviando el corazón; se sabe que las novelas sustituyen a la vida real y positiva una vida ideal y fantástica, y que no pueden producir otro efecto que el prestigio y la seducción[91].

Para atacar a la novela, la *Crónica Eclesiástica* vuelve con la receta de un relato de la vida cotidiana. En esta ocasión narra las vicisitudes de un viudo y su hija Eugenia, quien era «de bello carácter y felices disposiciones» hasta que se aficionó a lecturas vanas, esto es, a aquellas obras «en las que todo es falso, los hombres como las cosas; y la naturaleza no se muestra más que al trasluz de un prisma engañador»[92]. ¿Qué pasó, entonces, con la pobre Eugenia?

Aquella niña, antes tan tímida y modesta, gustaba ahora de tener largas conversaciones misteriosas con otras chiquillas de su edad: observábase

---

90 Crónica General. *El Áncora. Diario Católico*, N° 399, Caracas, 19 de octubre de 1886.
91 Peligros de la lectura de las novelas. *Crónica Eclesiástica de Venezuela*, N° 17. Caracas, 4 de julio de 1855.
92 *Ídem.*

en sus ademanes y en su voz un no sé que de afectado; desatendía sus ordinarias ocupaciones; estaba siempre seria y melancólica; en una palabra, todo su prurito era hacer el papel de una heroína[93].

Pero la metamorfosis pasa a peores. La niña desprecia los requerimientos de un modesto lugareño para caer en los brazos de «un oficialito, pariente lejano de fastuoso e intrépido continente», esto es, un héroe de novela, quien la embaraza y escapa. Como consecuencia del desliz, Eugenia muere de vergüenza y el padre viudo enloquece. A poco regresa el oficialito, a llorar su crimen ante el mausoleo de la víctima[94]. Moraleja: no leas, niña, novelas. Curiosa paradoja: la *Crónica Eclesiástica de Venezuela* ataca la novelas presentando a sus lectoras un texto que el gusto de hoy no vacilaría en clasificar como una mala novela.

Entre las obras más temidas destacan la *Dama de las camelias* y las *Aventuras de cuatro mujeres y un loro*, «que son a su turno epopeyas de la prostitución». *El Áncora* deplora la puerta franca que tienen en las casas cristianas, junto con otros escritos de moda:

> Como tiene *Margarita Gautier* entrada a todos los hogares, e íntimos coloquios con nuestras niñas, así también entran a aquellos y conversan con estas *Juanita*, la de Paúl de Kock, *Felisa*, la de Sales de Mayo y otras mujeres de esa calaña[95].

Ciertamente la preocupación no embarga sólo a la Iglesia. El político e historiador liberal Francisco González Guinán suspende la edición de *Las Señoras de Croix-Mort*, de George Olinet, que publicaba por entregas en su periódico, debido a las protestas de las «señoras honestas»[96]. Los señores Picón e Hijo, de Mara-

---

93 *Ídem*.
94 *Ídem*.
95 La mala lectura. *El Áncora. Diario Católico*, N° 475, Caracas, 22 de enero de 1887.
96 Información, *La Voz Pública*, N° 3.047, Caracas, 18 de enero de 1887.

caibo, anuncian a la clientela en su *Miscelánea Mercantil* que no venden «malos libros», pese a que los solicitan los marchantes y se enojan por el chasco de no encontrarlos en la vitrina[97]. Ellos también antagonizan con esas fantasías trastornadoras que tanto gustan al público y perjudican a las mujeres.

Los perjuicios de las mujeres, de acuerdo con las fuentes examinadas, dependen del vínculo que establecen con el sexo extramatrimonial, con la indumentaria insinuante, con el baile y con las lecturas de nuevo cuño. Sin embargo, los documentos no denuncian otro riesgo al cual están expuestas. Se trata de un riesgo que no proviene de la mundanidad, sino de la institución que las reprime. Se trata del riesgo de los curas que, según se verá de seguidas, es tan preocupante como la incitación de la mala vida.

---

97 La mala lectura. *El Áncora. Diario Católico*, N° 475, Caracas, 22 de enero de 1887.

LOS CLÉRIGOS CON VENUS

Nuestra conocida *Reformación Cristiana,* del jesuita Castro, es obra enfática en el mensaje que dirige a los eclesiásticos sobre la compañía femenina. Ordena a los ministros del templo una distancia abismal en relación con el «sexo mujeril». Si la mujer es fuente de pecado para feligreses inocentes, en el caso de los religiosos se convierte en un riesgo mayor. Aparte de desbrozar el camino del infierno, desata los nudos del orden sacerdotal que depende de votos estrictos en materia de castidad.

LA BATALLA DE LOS SANTOS

Para sustentar el argumento, Castro acude al ejemplo de San Pablo Ermitaño, que no podía tomarse alegremente por los curas. San Pablo Ermitaño era de mirar recatado, hasta el punto de que:

> [...] no sólo huía de ver alguna mujer, ni cosa suya jamás permitió se le pusiese delante[1].

Aunque el cenobita no inaugura la misoginia de los hombres de la Iglesia. El mismo padre Castro encuentra en Job la raíz de la posición, debido a que «este santo se concertó con sus ojos que

---
1   Francisco de Castro (1853), p. 156.

no mirasen doncella»². Luego cita a San Gerónimo, quien evitaba pensar en las mujeres echándose a los pies del Crucificado. La proximidad de Jesús solucionaba los cruciales problemas, puesto que «[...] recibía tal bonanza de la tempestad, que le parecía estar entre los coros de los ángeles»³.

Cuando tenía «feas imaginaciones de lujuria», San Hilario domaba el cuerpo con el ayuno. ¿Cuál era el método de San Hilario?

> Enojábase con su cuerpo y decíale: yo te haré, asnillo, que no tires coces porque te quitaré la cebada, matándote de hambre y de sed, para que así tengas sólo cuidado de la comida, y no de la lascivia; y como lo decía lo hacía⁴.

Pero San Benito y San Francisco no se andaban con rodeos. Atacaban directamente el cuerpo, mediante cruel castigo:

> Por estar lejos de caer, San Benito se revolcaba desnudo en las espinas, San Francisco se arrojaba entre las zarzas y se enterraba en la nieve, sin salir de ella hasta que con el mucho frío se apagaba el fuego sensual⁵.

La peligrosidad de la mujer se infiere de las conductas desarrolladas por las figuras del santoral. Para ellos, la mujer es el disturbio del estado de perfección que han escogido como modo de vida. Es la borrasca del pecado frente a la paz de la santidad. Es el elemento que los aleja del crucificado y los aproxima a la condenación. No sólo lo que ella significa como criatura, sino los objetos que la adornan, traducen la maldad en toda su redondez. De allí que no sólo deba evitarse el mirarlas

---

2 *Ídem.*
3 *Ibídem*, p. 153.
4 *Ibídem.*, p. 154.
5 *Ibídem.*, p. 156.

a ellas y a sus miriñaques, sino el pensarlas. Su destierro de la vida eclesiástica debe ser radical, hasta al punto de buscarse renunciando al privilegio de la vista, o utilizando el tormento de las púas y la escarcha.

Pero la mujer está allí, solapada y torva. Forma parte de la creación. Hubiera sido mejor que no existiese, de tantos yerros como produce al sacerdocio, pero Dios le dio espacio en sus designios. Evitarla por el heroico camino de los suplicios no es empresa para todos los cristianos, aunque lleven tonsura. En consecuencia, el padre Castro, jesuita del siglo XIX y hombre práctico, no insiste en azotes y disciplinas, sino en un asequible apartamiento. Con el objeto de evitar la contaminación de la carne, prohíbe el contacto con el sexo opuesto, aun en los casos menos susceptibles de alarma.

Su prohibición se basa en la enseñanza de San Buenaventura:

> Como dice San Buenaventura, la frecuente familiaridad, aunque parezca pura y santa, es enemigo doméstico, daño deleitable, mal oculto, y oro falso con esmalte de fingido rosicler; porque la devoción espiritual poco a poco se convierte en corporal, y carnal. Pues si este Santo dice esto de la amistad buena, ¿qué se podrá tener de la familiaridad demasiada con persona que pueda tiznar la castidad?[6].

Por último, el jesuita acude al magisterio de San Basilio, quien no se anda por las ramas a la hora de condenar el contacto de las sotanas con las hopalandas. Por consiguiente, afirma:

> Dice San Basilio que importa mucho para el buen nombre de los religiosos y eclesiásticos, no hablar a solas con mujer ninguna, aun-

---

6   *Ibídem.*, p. 159.

que sea deuda y virtuosa, porque de hacer lo contrario se sigue a él y a ella por lo menos algún menoscabo de su reputación, y más en este tiempo que se pierde fácilmente. Y se debe atender más a ella, que al gusto de la voluntad aficionada, o al celo indiscreto de la caridad presumida, y prevenir con prudencia lo que puede imaginar la malicia. No digas, es ella mi deuda, o es él un santo: los ángeles en forma de hombres has de temer, como la Virgen, cuanto más a los hombres [...] ¿Eres hombre? pues teme a la madre que te parió; y más si eres eclesiástico, o religioso, que has de ser espejo en que todos se miren, y te empañarás con solo el vaho[7].

Los últimos fragmentos ofrecen aspectos de interés. Gracias a la referencia basada en San Buenaventura, se desprenden las infinitas formas a través de las cuales puede llegarse al pecado por el contacto con la mujer, quien conduce a faltas aun por el camino de una simple visita a la casa parroquial. Hay en ella algo oculto, un rasgo de disimulo capaz de convertir en tragedia aquello que tiene metas loables. Del planteamiento basado en San Basilio surgen dos elementos de entidad: la necesidad de mantener limpia la imagen del clero y la noción en torno a los peligros del siglo.

La función de los religiosos, de acuerdo con el párrafo, no consiste sólo en atender las obligaciones de su ministerio, sino en presentar una pulcra fachada. Conviene a la Iglesia tener como vanguardia un ejército de soldados que reflejen en su inmaculado exterior la trascendencia de la institución. No sólo se edifica a la grey cuando se es buen pastor, sino cuando se parece buen pastor.

«Más en este tiempo», de acuerdo con la fuente. El espíritu del siglo XIX no se lleva bien con el catolicismo. La modernidad impone reglas chocantes con la silla de Pedro. Las pautas del mun-

---

7   *Ibídem.*, p. 160.

do moderno sugieren una conducta diversa a los representantes de la Iglesia, y en tales pautas se cobija la mujer para pretender una participación insólita en la sociedad. Dentro de este marco, comentado a partir de la *Reformación Cristiana* del padre Francisco de Castro, deben entenderse los sucesos que se analizan de seguidas.

POR EL VOTO DE CASTIDAD

Apenas iniciada la centuria, aparece la preocupación de la jerarquía por el contacto de los eclesiásticos con las mujeres. El contacto debió ocurrir con alarmante frecuencia en la Navidad de 1801, debido a que llega a turbar el sueño, a mover las oraciones del obispo y a pedir la ayuda del gobierno. En efecto, escribe monseñor Ibarra al Gobernador y Capitán General:

> Las letras de mi antecesor recordado Viana [roto] sobre familiaridad en los templos han tornado a mi recuerdo, por los rozamientos en todos los oficios de la Natividad de Ntro. Sor. Jesucristo, de sacerdotes hasta con mugeres de baja condición, haviéndose dado el assunto de tocamientos de manos en el Sacramento de la Penitencia y Sagrada Eucaristía. Sabe la Divina Magestad mis preces por ese desacato, e saben los pajes mi trasnoche por el dolor. En las funciones de quaresma no puede passar semegante, que habremos de quitar con el Real Auxilio de las Fuerzas ofressidas por S.A, para ordenar, e con mandato de recato a los curas en las pláticas[8].

¿Qué tipo de rozamiento pudo ocurrir entre un cura y una feligresa, cuando confesaban o recibían la comunión? ¿Podían, en pleno templo y frente a una aglomeración, efectuar contactos

---

8   AA. *Episcopales*, Legajo 37. Carta del Arzobispo Francisco Ibarra al Gobernador y Capitán General, Caracas, 21 de enero de 1802.

«torpes»? No parece probable. Quizás el prelado prefirió evitar pormenores intrincados en su correspondencia al Vicepatrono Regio, ocultando noticias sobre episodios más atrevidos. En todo caso, algo digno de atención debió pasar, pues en un escrito remitido al Deán en febrero de 1802 dispone una mejor organización de las filas de mujeres alrededor del confesonario, «para bien de la honestidad», y «que se vea passen ordenadas al altar»[9]. O acaso no sucediera sino lo descrito, lo cual conduce a pensar cómo un ligero frotamiento de pieles entre un religioso y una mujer, ocurrido en la catedral mientras se oficia la liturgia de Navidad, es motivo de tribulación para el Arzobispo de Caracas.

Una tribulación que lo llena de incertidumbre, porque se le junta con una sensación de relajamiento que parece husmear en la conducta de los curas y de los feligreses en general. Si no lo dice al gobernador, se explaya en confidencias cuando escribe a Santiago Hernández Milanés, Obispo de Mérida de Maracaibo. En carta reservada y enviada con un propio, de obispo a obispo expresa:

> Los males del tiempo obligan mayor acrimonia. Amarrar los pecados, parar el extravío, amansar ovejas, edificar los curas para hasserlos de otra madera fuerte, ¿puedo hasserlo? Que se respete al Rey Ntro. Sor, que Dios guarde, solicita fuerzas de coloso que de la edad avanssada no he de sacar, pero del Espíritu Santo tengo seguras y que ojalá no me abandone[10].

El destinatario de la misiva, aunque sin dudas sobre la fuerza de su cayado, comparte la preocupación, hasta el punto

---

9   AA. *Episcopales*, Legajo 37, Oficio del Arzobispo Francisco Ibarra al Reverendo Dean, Caracas, 4 de febrero de 1802.
10 AA. *Episcopales*, Legajo 37, Carta del Arzobispo Ibarra al Obispo Santiago Hernández Milanés, Caracas, 2 de abril de 1802.

de expresarla en Carta Pastoral publicada el 10 de diciembre de 1806. En ella señala:

> Quando en fin todos los pueblos y ciudades debían convertirse ahora de Sodomas pecadoras en Nínives penitentes, ahora es que olvidados de la justicia divina multiplican sus pecados y se complacen, por usar de las expresiones del Profeta, en el exceso de su maldad[11].

Si no sobre el exceso de maldad de todos los hombres, sobre la liviandad de los religiosos predica el arzobispo Ibarra. En un retiro para los curas de las parroquias urbanas, realizado entre el 4 y el 7 de mayo de 1805, llega a manifestar en el púlpito su disgusto por lo que denomina «molicie y blandura», «regalo y blandicia» de sus párrocos, algunos de los cuales, según relata alguien que asistió a las sesiones, se tomaban libertades de caballeros solteros[12].

A la caza de esos curas y de otros que desacatan a la Madre Iglesia sale Rafael Lasso de la Vega, Obispo de Mérida de Maracaibo, cuando realiza su primera Visita Pastoral a Maracaibo en octubre de 1815. Entonces ordena «en virtud de santa obediencia», se le notifique personalmente de los pecados públicos que estén cometiendo los levitas de la diócesis.

Quiere saber, especialmente:

> Si los curas, sus tenientes, sacristanes y otros clérigos, han faltado o faltan a lo que por su Orden y ministerios están obligados, desedificando a los fieles y dejándose tal vez conducir del veneno de la avaricia o cualquiera otros excesos, no sólo de los que más

---

11 Carta Pastoral de Santiago Hernández Milanés, Mérida, 10 de diciembre de 1806. Antonio Ramón Silva (1922), vol. II, p. 101
12 AA. *Episcopales*, Legajo 37, Correspondencia de Gregario Salas al Fiscal de Obras Pias, Caracas, 12 de mayo de 1805.

desdicen de su Estado, sino de aquellas faltas que los pongan en desestimación[13].

Pero uno de los detalles que más le interesa averiguar, de acuerdo con lo que apunta más adelante, es «si con notoriedad se vive en la torpeza»[14].

Entonces el cardenal de Borbón se entera de cómo molestan idénticas circunstancias a Narciso Coll y Prat, quien sucede a Ibarra en la mitra capitalina. Relacionando los problemas con la revolución de Independencia, don Narciso llega a confesar ante el purpurado:

> Hay una insurgencia peor: la del tráfico ilícito que puede tocar a los eclesiásticos con mugeres casadas y solteras, blancas y de color, uniones sacrílegas que acrecentará la falta de fiscales por la guerra. ¿Cómo atenderlas, entre la violencia?[15].

Mientras el arzobispo de Caracas hace la pregunta, el Obispo de Mérida de Maracaibo ensaya algunas medidas. Con el objeto de impedir que los curas se mezclen en la deshonestidad cobijándose en el pretexto del trato que deben llevar con mujeres, en atención a la rutina de sus despachos, trata de mantenerlos distantes. Así, por ejemplo, en lo respectivo a la exploración de impedimentos para el matrimonio. Los curas pueden atender a los hombres cuando quieran, a solas en su oficina o en su domicilio, si no descuidan la celebración de la misa. Pero en el caso de ellas deben ser cautos.

---

13 Carta Pastoral de Rafael Lasso de la Vega, Obispo de Mérida de Maracaibo, Maracaibo, 27 de octubre de 1815. Antonio Ramón Silva (1922), vol. IV, pp. 1112.
14 *Ibídem*, pp. 12-13.
15 AA. *Episcopales*, Legajo 38, Carta de Narciso Coll y Prat. Arzobispo de Caracas, al Cardenal de Borbón, noviembre de 1815.

Una Instrucción Pastoral fechada en Mérida el 10 de enero de 1822, ordena:

> Hágase la de las mujeres en la iglesia, llamada aparte, pero en lugar donde se esté a la vista de los otros concurrentes. Así lo exige la honestidad; y lo mandamos bajo multa de tres libras de cera para el alumbrado de nuestro Amo. Zélece [sic] sea Dios quien haga los casamientos, sin dar lugar a que el enemigo de nuestra salvación se anticipe[16].

La disipación de las costumbres, que para el prelado supera los límites del bochorno en 1823, lo conduce a tomar nuevas previsiones. ¿Qué pasa entonces en la diócesis de Mérida de Maracaibo?

> Sin detenernos en lo interior, de vestidos indecentes, truanerías, o brazos a medio ganchete en personas también de otro sexo, y en las calles; y con desdoro, la falta de asistencia al precepto de la misa, inobediencia y aun insordencia, la de la confesión y comunión anual, y concubinatos y adulterios públicos[17].

Para alejar a los clérigos del teatro de «declive moral», les encarga el mitrado:

> Vuestros vestidos, personas que habiten con vosotros, separación a concurrencias que os sean peligrosas y de ninguna manera presenciar dichos bailes deshonestos, y bajo pena de suspensión que se incurra a la segunda vez de bailarlos por vosotros mismos[18].

---

16 Instrucción Pastoral, Mérida, 10 de enero de 1822. Antonio Ramón Silva (1922), vol. IV, p. 159.
17 Carta Pastoral del Obispo de Mérida de Maracaibo, Mérida, 11 de diciembre de 1823. Antonio Ramón Silva (1922), vol. IV, p. 192.
18 *Ídem.*

En 1843, Monseñor Fernández Peña tampoco quiere que sus curas se mezclen en los «corrillos y fandangos» surgidos al calor del debate político. Los liberales hacen bailes y serenatas, desfiles y vendimias en los cuales participa «un pueblo inmenso sin distingo de sexos, danzando de noche con cuerdas y tambores, bajo techo y en campos». El deán y el fiscal se encargarán, ordena el arzobispo, de prohibir a los religiosos la asistencia a funciones profanas. Si a alguno encuentran bailando deben amonestarlo a través de documento escrito, y anunciar directamente a la mitra si repiten la falta para suspenderlo de oficio y beneficio[19].

La medida procura apartar a los sacerdotes del pecado de la carne que provoca la cercanía de la mujer al compás de la música, naturalmente, pero también evitar que del espectáculo de una sotana danzante se aprovecharan los periódicos para atacar a la Iglesia.

> Las demasías de la prensa [agrega el Arzobispo] pueden dar publicidad al suceso de un cura como pareja de baile en una jarana. Es lo que falta en estos días en que se ha inmiscuido [la prensa] hasta en cosa tan apartada como la designación del Provisor. Muchas piedras pueden caer en el techo[20].

Pero las piedras pueden caer en el techo de la Iglesia por motivos menos abultados, si se juzga el parecer de don Hilario Bosset, quien es obispo de Mérida en 1862. Mientras en Caracas se preocupan por la proximidad de bayaderas que provoquen con sus coreografías la perdición de los religiosos y el lamparón de la Santa Madre, él desea averiguar si un jovencito, el bachiller Simón Escovar, se ha mezclado alguna vez con mujeres en perjuicio de la religión.

---

19 AA. *Episcopales*, Legajo 48, Oficio del Arzobispo al Dean. Caracas, 17 noviembre de 1843.
20 *Ídem*.

¿Por qué se detiene el obispo de Mérida en este minúsculo asunto? El bachiller Simón Escovar es estudiante del Seminario y está a punto de recibir las órdenes menores. Los comarcanos tienen puestos los ojos en su carrera, debido a que «es aventajado en filosofía y latinidad, y bien inclinado hacia el santo ministerio»[21]. Sin embargo, he aquí el terrible entuerto: se le atribuye «haber tenido mala amistad con una moza». El rumor hace solicitar al obispo una averiguación a través del testimonio de personas responsables, con el objeto de verificar si en alguna ocasión se relacionó con «el mayor de los riesgos». Una pesquisa oportuna, concluye, evitará problemas a la curia[22].

Pero en un texto fechado el 5 de abril de 1862, desborda el episodio del seminarista para trasladar el tema a su cabal dimensión. Ahora no maneja el caso como asunto de relaciones públicas, ni para ahorrarse disgustos, sino como algo susceptible de mayor análisis. La fuerza y los apetitos que la juventud da a los futuros ministros del altar para faltar a sus votos, está presente en el documento.

Así vemos cómo sentencia:

> La cera enciende el fuego y la miel pervierte la voluntad cuando el vigor varonil comunica con rapidez en flaquezas de ramera. En la juventud es mayor el gusto de los manjares prohibidos[23].

Se trata de prevenciones que embargan desde antiguo al gobierno de la cristiandad, las cuales reaparecen cuando la rutina las coloca sobre el tapete. Como lo acontecido al arzobispo José Antonio Ponte en 1881, quien revive las tribulaciones de Mon-

---

21 AA. *Episcopales*, Legajo 51, Carta del Dr. Juan Hilario Bosset. Obispo de Mérida de Maracaibo, Caracas, 4 de febrero de 1862.
22 *Ídem*.
23 AA. *Episcopales*, Legajo 51, Carta del Dr. Juan Hilario Bosset al Arzobispo de Caracas, Mérida, 5 de abril de 1862.

señor Ibarra en 1802, ya comentadas. La Semana Santa traería multitudes a los templos, lo cual era motivo de regocijo, pero había que cuidarse de la muchedumbre de mujeres, esto es, de una torpeza masiva vestida de camisón. En consecuencia, ahora cavila el prelado sobre la posibilidad de mudar los confesonarios hacia puntos cercanos a los ventanales,

> [...] para que no aprovechen las penitentes la obscuridad para intimidar [sic] con los confesores[24].

Aunque también se le ocurre una solución más sencilla: eliminar los espesos cortinajes que estorbaban la iluminación solar[25]. La luz del astro, según se colige de lo expuesto, amortiguaría el golpe al cual se exponían los confesores por la vecindad de unas feligresas que seguramente buscaban la expiación de sus culpas, mas no las cosas imaginadas por el mitrado.

Los riesgos no incumben solamente a los confesores, desde luego. Novicios y ordenados, diáconos y prebendados, regulares y seculares, jóvenes y ancianos, todos los religiosos, según los datos examinados, deben ganar una batalla vitalicia ante las conminaciones de la hembra. Así se trate de sus madres, sobrinas y cuñadas. Todas son Eva a la caza de eclesiásticos. Su misión los obliga a llevar una vida recta, cuyos derroteros deben guiarse por un itinerario diferente al de las hembras. Ni siquiera pueden permitirse un rozamiento con ellas en el momento de administrar los sacramentos. La rutina parroquial debe tener reglas estrictas que manden la prevención de la distancia y una veda de intimidad. Merced a tales reglas no sólo se protege la pulcritud del ministerio, sino especialmente la reputación de una Iglesia sujeta al vaivén de los sucesos del siglo, que así como cambian

---

24 AA. *Episcopales*, Legajo 52, Notas sueltas de Mons. José Antonio Ponte, Caracas, 26 de febrero de 1881.
25 *Ídem*.

reyes y gobiernos pueden alejarse del pontificado y abandonar la casa de Dios.

Bajo la influencia de esta instrucción dirigida al universo eclesiástico vive el siglo XIX venezolano. En lo más recóndito de su mensaje se asientan unos estereotipos, unas representaciones que debieron determinar a la mentalidad colectiva. De acuerdo con la médula de las preocupaciones episcopales, los sacerdotes deben ser la honestidad, mientras la mujer es la deshonestidad. Si los curas deben ser la rectitud, la mujer es la torpeza. Si ellos deben ser la fortaleza, la mujer representa la blandura. Si ellos deben ser la prudencia, la mujer es la irreflexión. El mensaje se machaca continuamente, con el objeto de producir una conducta apropiada de los religiosos. Sin embargo, las cosas no marchan con la coherencia anhelada por los obispos. Como se verá a continuación, el discurso de la castidad es hecho trizas por la vida desarreglada de muchos sacerdotes.

CACHONDOS HOMBRES DE IGLESIA

Pese a las Cartas Pastorales, a las Instrucciones diocesanas y a las amenazas de castigo, numerosos sacerdotes venezolanos del siglo XIX se mezclan con la deshonestidad y la torpeza, con la blandura y la irreflexión. Más aún, son ellos mismos las tales deshonestidad, torpeza, blandura e irreflexión. En los papeles del Archivo Arquidiocesano de Caracas pasan del centenar las causas seguidas a religiosos por faltas graves al voto de castidad. Los fiscales de la curia reciben denuncias a granel contra curas lascivos. El obispo ordena el ataque de los lujuriosos con el secreto que corresponde a los delicados procesos, pero la preocupación de la jerarquía no se compadece con la realidad. Los curas persisten en el pecado de la lascivia, acaso porque observan cómo a la magnitud de sus delitos no se corresponde el peso de la condena. En general los expedientes no conducen a sentencias rigurosas, muchos quedan incompletos y nadie es sentenciado por quitarse la sotana para yacer con mujer[26]. A continuación apenas se muestran los acontecimientos más llamativos de esta índole, escogidos por su repercusión colectiva. Constituyeron esos escándalos públicos que ponían a los jerarcas con el Cristo en la boca.

Sin embargo, la cadena se inicia con una patética solicitud de José Francisco Aponte, joven cura doctrinero de Altagracia de Orituco, que no calza en el aludido cuadro. Urgido por las solicitaciones de la carne, en lugar de buscar el atajo del concubinato, Aponte solicita al Arzobispo la dispensa del voto de castidad con el objeto de concertar más tarde legítimo matrimonio. Sabe cómo se trata de una petición desacostumbrada y susceptible de harta cavilación, pero contrasta esos extremos con la magnitud de su pugilato con la tentación.

En consecuencia, así se expresa ante el ordinario, en Representación efectuada el 5 de noviembre de 1810:

> [...] si bien es de pensar esta materia, más urgente es mi necesidad, y más inminentes, frequentes y violentos son mis combates que he comunicado a V.S.I.; son superiores a mis fuerzas, son irresistibles e inexorables[27].

Si damos crédito a su descripción, fue abundante la energía que gastó en la contienda con el impulso carnal. Dice:

---

26 Una nómina de las causas por amancebamiento, pecado público y lascivia de sacerdotes es demasiado prolija para insertar ahora. Baste con sugerir un vistazo a las Secciones de *Judiciales* y *Episcopales* del Archivo Arquidiocesano. El investigador que las examine pronto localizará más de cien casos diseminados en el carpeterío. así como variadas denuncias que no desembocan en la apertura de procesos. No resulta peregrino pensar, además, en la existencia de otro conjunto de delitos que no fueron denunciados por los feligreses, debido a la presión de los implicados y al respeto que inspiraba la iglesia.
27 AA. *Episcopales*, Documentos promovidos por el Pbro. Don José Francisco Aponte, cura del pueblo de Altagracia de Orituco. Petición remitida el 5 de noviembre de 1810.

[...] me esforzé quanto pude en honrar con la pureza mi estado [...] en sujetar la carne al espíritu, refrenando las pasiones, hostilizando mi cuerpo, valiéndome de todos los remedios espirituales, naturales y extraordinarios, guardando compostura y honestidad, y por último recogiéndome al asilo del Padre de las luces y a su divina inspiración: con todo enfrentado, con las tempestades de las tentaciones, veo ante mis ojos el naufragio espiritual [...] pierdo la esperanza, vivo desesperado. Oh, Señor. ¡Que caudal de auxilios no necesita este género de fragilidad![28].

La estatura del drama se debe medir en el contexto del acostumbrado discurso sobre la castidad que colocaba a los eclesiásticos desobedientes en las pailas del infierno, como traidores a su Dios y a sus instituciones. De allí que Aponte intentara convertirse en una suerte de cenobita de Orituco, en una especie de tropical San Francisco que disciplina el cuerpo levantisco. Pero de allí que igualmente sintiera una profunda decepción por el intento perdido. Aun cuando ensayaba emular a las eminencias del santoral que a cada rato debieron ofrecerle de paradigma, fracasaba ante la simple observación de un objeto evocador del enemigo.

Aún San Pablo [dice] la vista sola de un zapato viejo y roto de muger, botado en las calles de Roma, le estimulaba la carne, le recordaba: Si esto sucedió a San Pablo, mereciendo aquel eficacicimo auxilio de su conversión en el camino de Damasco, yo que no tengo igual mérito, ¿qual será mi peligro en las tentaciones? ¿quál mi victoria?[29].

Aferrado al discurso tradicional, el cura de Altagracia considera a la concupiscencia una «enfermedad», y recurre finalmente

28 *Ibídem*, folios 5 y vto.
29 *Ídem*.

a tal afirmación para reiterar su solicitud[30]. Pero el arzobispo no responde. Ante el silencio de la mitra hace una nueva Representación, el 12 de julio de 1811, en la cual olvida la narración de sus sufrimientos para cuestionar las disposiciones de las autoridades sobre la continencia. La continencia de los eclesiásticos, afirma ahora, no encuentra fundamento en la Biblia: «fue inventada y prevenida por la Iglesia»[31]. De lo contrario, agrega, el Concilio de Trento hubiese referido pasajes de la Escritura como soporte para la confirmación del celibato[32]. Sin embargo, el tridentino se apoyó en reglamentos antiguos, cosa que Aponte igualmente hace al citar casos anteriores de dispensa a favor de curas, frailes, obispos y cardenales. Además, alude al hecho de haber sido conducido al sacerdocio por el influjo de su tiránico padre, quien contrarió su vocación laica para satisfacer un capricho personal. De seguidas agrega un cuestionario, que suplica se realice con el fin de verificar las maneras utilizadas por la autoridad paterna para introducirlo «por las malas» en el Seminario[33].

Ahora sí responde el Arzobispo Coll y Prat, advirtiendo que el cura de Altagracia hace «varias indecorosas expresiones en sus enunciadas representaciones», razón por la cual decide suspenderlo *ab officio et beneficio,* mientras dilucida el entuerto[34]. Acaso agobiado por la actitud de sus superiores, José Francisco Aponte resuelve olvidarse de la dispensa matrimonial. Según anuncia ante el Juez Comisionado por intermedio de Juan de Jesús Ledezma y Landaeta, clérigo tonsurado:

> Se retracta de semejante petición, para ejercer y continuar pacíficamente en el desempeño de su ministerio[35].

---

30 *Ídem.*
31 *Ibídem,* fols. 11 y vto.
32 *Ídem.*
33 *Ídem.*
34 *Ibídem,* Decisión de don Narciso Coll y Prat, Caracas, 2 de noviembre de 1811.
35 *Ibídem,* fol. 44 y vto.

Como se ha visto, el padre Aponte descubre sus flaquezas ante el tribunal eclesiástico, que guarda silencio. Dentro de la más puntillosa ortodoxia pide una salida decorosa para su inclinación por la carne, pero el ordinario no se inmuta. Llega a declararse enfermo de concupiscencia y suplica sanación de la mano de San Pablo, sin que el prelado conteste. Pero cuando abandona el papel de acólito para ensayar de litigante, se le amonesta y suspende. Entonces vuelve a la religión de la que nunca ha salido y, por lo menos en el expediente, olvida su deseo de mujer. Desalentador desenlace de una historia iniciada con altivez y honestidad.

Mientras pugna y claudica el padre Aponte, un eclesiástico alarma a los habitantes del Río del Tocuyo. Se trata de Francisco González, cura del lugar, a quien se acusa ante el juez eclesiástico de «pública insultación y patrocinio de delinquencia». Los sucesos que protagoniza tienen nexos con Venus, desde luego. Se prenda de Francisca Brizuela, esposa de don Manuel de León, quien debe incorporarse al servicio de las armas hacia finales de 1810.

La ausencia de don Manuel facilita los designios del cura, pues:

> [...] se apersonó de su mujer, doña Francisca Brizuela, en términos de llevársela a su casa y allí vivir escandalosamente con ella[36].

A su regreso trata el marido de restablecer el matrimonio, pero tanto el clérigo como Francisca se oponen. Quieren mantenerse unidos. Otra campaña militar, ahora contra Coro, obliga al consorte a dejar la población, pero regresa con renovados bríos en procura de su mujer. En principio logra su objetivo:

---

36 AA. *Episcopales*, Legajo 38, Representación de don Antonio de León al Obispo, Río del Tocuyo, 8 de marzo de 1811.

La extrajo de la casa, a costa de un sumo disgusto y de estar en una continua lidia[37].

Pero debemos suponer mayor el disgusto del cura, quien urde un tenebroso plan. Ordena a Nicolás Calasú, zambo natural de Guanare quien es su empleado doméstico, el asesinato del rival. Es así como:

> [...] sacándole por engaño al citado don Manuel, lo mató alevosamente en medio del pueblo, confesándole al acto de darle las contusiones y heridas que lo mataba por mandado de otro, y porque peleaba con su mujer[38].

El homicida busca refugio en la casa parroquial, hasta la cual acude el Justicia Mayor para capturarlo. Sin embargo, el cura González se niega a permitir su salida. Sólo un mandato del vicario, afirma, lo obligará a entregar al zambo Nicolás[39]. En definitiva las cosas se complican, hasta el punto de elevarse ante la vista del arzobispo para que ordene una averiguación contra el cura pecador de Río del Tocuyo. ¿Qué pasa, en suma? No hay constancia en el expediente de que se examinaran los pormenores del episodio, ni de que se procurase la sanción de los delincuentes. Tal vez los sucesos de la reconquista canaria contra la república recién establecida impiden el desarrollo del litigio.

Tampoco encuentran entonces desembocadura los cargos formulados contra el padre Francisco Milano, párroco de Guatire, a quien se sindica de indiscretas rochelas con las féminas. El cura, al decir de varios guatireños:

> [...] lo primero que envió a su curato cuando fue a establecerse fueron dos cargas de muchachitos, los unos hijos bastardos de una

---

37 *Ídem.*
38 *Ídem.*
39 *Ídem.*

sobrina suya, y los otros, que eran la mayor parte, hijos de una india o samba, de quienes dice el pueblo ser su padre el mismo cura[40].

El delito de Milano no es sólo la concupiscencia, debido a que, por el comportamiento de las mentadas «cargas de muchachitos», el asunto puede rayar en el sacrilegio. La liturgia se trastornaba como consecuencia de la «impostura» de los infantes.

Se aumenta más el escándalo por el desorden y relajamiento con que estos chicos entran al templo aún en las horas más dignas de devoción, como es el tiempo de estar él diciendo misa; llegando a tal el irrespetuoso trato de los chicos, que retozan en el Presbiterio como si fuera una plaza y aún en la misma tarima del altar en que actual se está celebrando el Santo Sacrificio de la Misa[41].

Con el objeto de evitar una temprana manifestación de repulsa, el padre Milano casa a la zamba, su antigua concubina, «con un muchachito que así le ayudaba a ocultar su pecado»[42]. Pero a poco regresa a las andadas: establece público amancebamiento con Isidra Jaspe, hija soltera de don Francisco Jaspe[43].

Para los ojos de un obispo los incidentes son delicados, no sólo porque violan la virtud y el voto de castidad de manera evidente, sino porque presentan las muestras del pecado ante el altar, sin rebozo frente al sagrario y con la grey congregada en el templo. Los frutos de la concupiscencia hacen jolgorio mientras transcurre la misa, quizá cuando se consagra la hostia y en el trance de la Elevación. Ni siquiera respetan a la Divina Majestad

---

40 AA. *Episcopales*, Legajo 39, Denuncia contra el Pbro. Francisco Milano, Caracas, 11 de diciembre de 1811.
41 *Ídem*.
42 *Ídem*.
43 *Ídem*.

aquellos súcubos que los guatireños de 1811 atribuyen al desenfreno sexual del párroco. Pero el expediente no responde con la debida firmeza. No se designa un fiscal acusador, ni ocurre la suspensión del delincuente. Ni siquiera se palpa curiosidad en el contenido de los Autos.

La mayoría de las transgresiones encuentra una pasividad semejante. Sólo en los casos más aberrantes se reacciona con énfasis. Quizá la agitación política origine el quietismo de los jerarcas, más que la indolencia del tribunal. Primero la guerra de Independencia, luego las guerras intestinas y las colisiones con el régimen civil, deben producir inhibiciones en la curia, hasta el punto de resignarse a que los religiosos protagonicen pública e impunemente el escándalo. En todo caso, sea por lo que fuere, ocurre un fenómeno digno de atención: los pecadores son ahora los custodios de la pureza.

Indignados por la lascivia de los pastores que se burlan de sus costumbres, que abofetean a diario la humildad con la arrogancia de su perversión, que se pavonean con sus vecinas y parientas utilizándolas para saciar el apetito sexual, los hombres del pueblo se transforman en fiscales de las costumbres. Los que antes eran usualmente culpables se presentan ante el centinela tradicional de la vida con una carga de recriminaciones. Acaso sorprendido por esta mudanza de papeles, el viejo guardián apenas sale de la atalaya, a menos que un impulso de envergadura lo obligue.

En tal predicamento lo colocan los hechos, por ejemplo, en abril de 1813. Apoyado en el testimonio de seis vecinos humildes —Josepha Franco, Petrona Franco, Juana María Delgado, Agustín Riveros, Marcos César, Trinidad Martínez y Gregorio Chaparro— el cura de Guanarito comunica al Arzobispo Coll y Prat una «abominable delinquencia»: José Narciso Poleo, cura del pueblo de la Divina Pastora de Morrones, jurisdicción de Guanare, ha cometido el peor de los pecados.

El 25 de abril de 1813, como a las doce del día en su propia casa, cometió el horrible delito de estupro violentando a una niña como de nueve a diez años llamada María Inés Cardones, hija de Juana Nepomucena Reina, vecina viuda[44].

El cura tapó la boca de la niña con un pañuelo, la violó y después dispuso que una doméstica le quitara del cuerpo la sangre con agua y aguardiente. Quedó postrada la víctima, «de modo que poco faltó para haber fallecido»[45]. Pero el párroco se niega a reconocer su crimen. Según se atreve a declarar ante el Teniente de Justicia, la niña «fecundada de muerte» lo acusaba falsamente, debido a que la viuda Juana Nepomucena Reina es «su mayor enemiga»[46]. El arzobispo ordena una pesquisa urgente y secreta que debían enviarle «cerrada y subscrita», y dispone que el acusado se presente ante el tribunal capitalino en el plazo de un mes, bajo la pena de suspensión de oficio y beneficio[47].

Gracias a la diligencia del padre Gabriel Cayetano Lindo, Fiscal de Autos, la investigación arroja resultados incuestionables. Los individuos más fiables de Morrones confirman los incidentes del estupro y agregan nuevas acusaciones. Según juran ante el Evangelio, el párroco vivía en público concubinato con Josepha Cobo, a quien acompañaba a los fandangos y con quien se atrevía a bailar, «levantándose la sotana para más libertad de las piernas». En alguna ocasión organizó bailes en su casa, «recibiendo como persona casada entre copas y alegrías»[48]. Un franciscano octogenario, fray Ángel de la Rioja, trató de reconvenirlo por su lascivia, pero lo expulsó a gritos de la sacristía y «le levantó la mano»[49].

---

44 AA. *Judiciales*, Legajo 135. Expediente, contra José Narciso Poleo, cura de la Divina Pastora de Marrones, por estupro, Caracas, abril de 1813.
45 *Ídem.*
46 *Ídem.*
47 *Ídem.*
48 *Ídem.*
49 *Ídem.*

A veces insultaba a los vecinos desde el púlpito, señalándolos por su nombre. Por si fuese poco, era amigo de los naipes, del dinero, de las riñas de gallos y de las conversaciones escabrosas[50]. Al principio el licencioso sacerdote pretende negar su participación en los hechos. Luego solicita autorización para viajar a Morrones, con el objeto de desmentir los cargos. Finalmente, el 12 de diciembre de 1813, suscribe la siguiente declaración…

> José Narciso Poleo, después de haber reflexionado en la longitud de una serie de veinte y siete años no cumplidos, pero necesarios todos de fijarlos y sostenerlos en la memoria para el horror, espanto, escarmiento, dolor y arrepentimiento por haber empleado en ellos una vida absolutamente abandonada, máxime en los tres últimos en que conoce haber escandalizado en gran manera [...] a aquellas almas a quienes por razón de su estado debió conducir en el buen ejemplo y consejos por los caminos rectos del Señor [...] Después de haber conocido sus grandes delitos y pecados enormes, arrepentídose de ellos se acoge con gran confianza a la piedad y clemencia de V. S. para que como Padre y Justicia derrame sobre él su gran misericordia, echándolos en olvido perpetuo [...] para lo qual promete seguir en adelante el exemplo de sus superiores y cumplir todas las obligaciones de un gran sacerdote[51].

Pero no encuentra la misericordia que implora. En primera instancia el arzobispo le suspende todas las licencias del ministerio. Por último, ordena lo siguiente:

> Que se entregue el pbro. José Narciso Poleo al Alcayde de la Cárcel Eclesiástica, donde lo mantendrá privado de comunicación para que purgue sus faltas[52].

---

50 *Ídem.*
51 *Ídem.*
52 *Ídem.*

El ordinario no especifica el plazo de la condena. En 1814 toma curso otra denuncia, ahora procedente de Valencia. Es un caso de pecado y honor. Don José Luis Serpentéguil acusa al padre Felipe Páez de «amores ilícitos y criminales» con su esposa, cuyo nombre no aparece en el expediente por consideración al decoro[53]. Por órdenes de la curia no debían anotarse los datos personales de la adúltera, para no dejar huellas de un delito tan dañino a la reputación de una dama casada. Pero el marido no sólo reclama la actitud del cura, sino la consiguiente pérdida «de su honra y hombría de bien ultrajadas»[54]. Dos asuntos, pues, debe atender el tribunal: el pecado de un sacerdote y el honor de dos cristianos, aunque éste debía rodar por los vientos valencianos, si nos atenemos a la declaración del burlado esposo.

Dice Serpentéguil:

> La disolución en ambos es escandalosa. El dicho Presbo. le paga la casa, la mantiene y en este año de revolución o más bien de disolución, ha tenido del Presbítero Páez un hijo que parió y vive, lo que es público y notorio[55].

El padre Páez se defiende, por supuesto, pero sin detenerse en lo sustantivo del problema. Prefiere arremeter contra el vapuleado prestigio del acusador:

> Su conducta no solamente lo califica de poco talento, sino también me expone a que me olvide por unos momentos de la luz de mi sacerdocio y cristiandad [...] hago presente su vida violenta y olvidada de todo exercicio y preocupación para sostener su

---

53 AA. *Episcopales*, Legajo 38, Representación de José Luis Serpentéguil contra el Dr. Felipe Páez, Valencia, 2 de octubre de 1814.
54 *Ídem*.
55 *Ídem*.

familia y cumplir con la obligación que le ha dictado el santo matrimonio[56].

El pobre don José Luis queda ahora como deshonrado, como tonto y como irresponsable; pero Páez, al anunciar la posibilidad de salirse de sus casillas, asoma un rasgo de carácter que lo librará del castigo. En efecto, monseñor designa al padre Juan Antonio Hernández de Monagas para que instruya el sumario, pero este se asusta ante el encargo. ¿Cuál es el motivo del temor? Veamos cómo lo confiesa al arzobispo:

> [...] este sacerdote es de un genio sumamente soberbio, y como siempre ha sido jugador de profesión debe estar aliado con muchos partidarios que impidan todo lo que yo pueda practicar para impedir su ventilación y con mucho perjuicio mío [...] yo he tenido muchos tragos amargos por el Pbro. Dn Phelipe Páez, y él me ha mirado de muy mal humor y me mira como el censor de su conducta [...] Yo creo que sin mucha investigación debería pasarse este pleito en Caracas, lejos de nosotros[57].

Después de la espantada del sumariador se paraliza el proceso. No se practican nuevas diligencias, lo cual nos permite colegir, a falta de mejores pruebas, que en esta ocasión un proceso ordenado por la cabeza de la Iglesia en atención a puntos tan protuberantes como el honor y el pecado, se desinfla por una balandronada.

En otro proceso que no tiene desenlace firme, iniciado en marzo de 1817, aparecen motivos de mayor rango para descubrir el fundamento de una nueva vacilación. El acusador es don Ramón Maucó, Procurador de la Real Audiencia, y el acusado es el Prebendado don Luis de Montesinos, Medio Racionero de

---

56 *Ídem.*
57 *Ídem.*

la Iglesia Catedral. Personajes ambos de rango principal en la sociedad de entonces, las atenciones debidas a su calidad delatan el porqué de un nuevo expediente inconcluso.

El 6 de marzo de 1817, Maucó presenta un papel acusatorio ante el Gobernador Eclesiástico, Manuel Vicente de Maya:

> Don Luis de Montesinos, Prebendado, mantiene públicamente con mi mujer, Da. María Antonia Pérez, amistad amorosa y adulterina, de cuyo crimen, habiendo dado a V. S. la quexa verbal, no ha producido efectos, por lo que continúa el padre en su delito y mi deshonra[58].

Ahora no parece importar el honor de la dama debido a que se escribe su nombre en los folios, aunque tal honor no era ya demasiado reservado, al decir del Procurador. Con frecuencia el prebendado la perseguía y le hablaba en la ventana[59]. Una vez le regaló un corderito, «como reliquia de amores»[60]. El 12 de marzo de 1817, pasada la medianoche, se le vio en el postigo con la amada,

> [...] en amorosa y fea versación, cubierto con capote y gorro, sin hábito talar[61].

La nocturna situación originó una trifulca de altos vuelos. Maucó retó al sacerdote en presencia de un testigo, Gabriel Josef de Aranguren, quien estaba de fisgón en su celosía, y luego lo persiguió por las calles a gritos, con un estoque en la mano[62]. No contento con la primera escaramuza, violentó las habitaciones del prebendado.

---

58 AA. *Episcopales,* Legajo 38. Representación de don Ramón Maucó contra don Luis de Montesinos, Medio Racionero. Caracas, marzo de 1817.
59 *Ídem.*
60 *Ídem.*
61 *Ídem.*
62 *Ídem.*

Registré los aposentos [confiesa Maucó] buscando cartas de amores y otras muestras del crimen de un sátiro indigno de tonsura[63].

Pero pasa a mayores, no en balde es Procurador de la Audiencia. Se niega a atender las citas pedidas por el influyente Felipe Fermín Paúl, quien actúa como abogado de Montesinos; y tiene el atrevimiento de llegar a deshora, esto es, a las ocho de la mañana, hasta la antecámara del Gobernador Eclesiástico para reclamarle su indiferencia ante las denuncias[64]. No obstante, el tiempo transcurre sin respuestas aceptables. En 1818 apela ante el obispo de Mérida de Maracaibo, quien no responde por evidente incompetencia[65].

Entonces recurre ante el Gobernador y Capitán General, Presidente Interino de la Real Audiencia, a quien denuncia que:

> [...] el crimen no se castigó por el Gobernador del Arzobispado. S. E. don Manuel Vicente de Maya, por espíritu de corporación[66].

El estudio que hace la Audiencia, el 29 de marzo de 1819, señala cómo el Procurador Ramón Maucó

> [...] debe usar del derecho dónde y como corresponda, y que S. E. el Gobernador del Arzobispado esté a la mira de la conducta y comportamiento de la referida Da. María Antonia Pérez, para que a la menor queja justificada de su marido se le recluya en un convento, haciéndolo entender así a la interesada para contenerla en sus deberes[67].

---

63 *Ídem.*
64 *Ídem.*
65 *Ídem.*
66 *Ídem.*
67 *Ídem.*

Pero, ¿quién contenía al prebendado Montesinos en los deberes de su ministerio? El Gobernador Eclesiástico no, por tratarse de uno de los suyos, según el argumento de Ramón Maucó. Tampoco la Audiencia, quizá por consideración a la dignidad de Medio Racionero de Catedral que lo escudaba. Aparte de cualquier especulación, es evidente cómo el gobierno eclesiástico se cruza de brazos ante una transgresión escandalosa del decálogo, del voto de castidad y de las Constituciones Sinodales; y cómo la justicia real apenas libra pasos tímidos que no se dirigen al transgresor, sino a la adúltera. Luego de tres años de litigio sólo se desemboca en que ella, la mujer, debe portarse bien.

En adelante abundan las denuncias promovidas por los feligreses, las cuales no se analizan ahora para evitar repeticiones innecesarias. Sólo se verá el caso del cura de Sanare, dados su variado trato con la lubricidad y sus inclinaciones de padre afectuoso de los vástagos. Es el presbítero José Silvestre Durán, quien regenta en propiedad la parroquia en 1867.

El padre Durán es acusado por los feligreses –seis suscriben la denuncia, ofreciendo, si es preciso, el testimonio de otros veinte vecinos– de no cumplir los deberes de su cargo, de cultivar el chisme y de «hacer peroraciones políticas». Pero lo que más les preocupa es el problema de la incontinencia.

> Sanare no le debe otra cosa al Dr. Durán [dicen] que la relajación de las buenas costumbres y entronizamiento de la lujuria, ya para más de veinte años con que hace alarde: tiene multitud de concubinas en la población, unas desde uno, dos i más hijos, y algunas veces teniendo a estas en su mismo techo, o lo que es positivo, viviendo en su propia casa[68].

---

68 AA. *Judiciales,* Legajo 150. Contra el Presbítero José Silvestre Durán, cura propio de la parroquia de Sanare, por su mala conducta ministerial y la vida inmoral que observa. Caracas, 1867.

Salomé, quien ya parió, se llama una de las concubinas, como para dar tono oriental a esta suerte de harem de Sanare que, a falta de sultán, tiene de protagonista al cura. Las otras son: «Hilaria Mendoza, con un hijo varón, una Serpa con una hija hembra, Astanacia Escalona con dos hijos, una hembra y un varón, Sacramento Colmenares con una hija hembra»[69]. El padrón arroja una estadística digna de atención: cinco huríes y nueve herederos del padre José Silvestre Durán, cobijados en el seno de la casa cural.

Aunque no pueden los vecinos negarse a reconocer los afectos que el sacerdote prodiga a los niños:

> En su casa se ven con frecuencia hijos de estas mujeres, de varios tamaños, que el acaricia sin escrúpulo alguno, cual lo hace un secular con sus hijos de matrimonio[70].

No es buen padre cura, el cura de Sanare, pero es mimoso progenitor de ocho criaturas. Quizá por tal motivo el obispo olvidase sancionarlo. El expediente termina sin una jaculatoria de penitencia.

Mas esta parte no puede terminar sin un comentario sobre la recurrencia de tanto bonete salaz. Observarla como simple hipocresía amparada por los jerarcas, o como una evidencia del imperio de una institución sobre el pueblo, resulta cómodo y simplón. ¿Por qué no verla, mejor, como un ingrediente más en el tránsito de una sociedad descaminada? La república que se debate por salir de un agujero difícilmente puede exhibir un elenco completo de sacerdotes pulcros, como tampoco de estadistas coherentes, ni de soldados con escuela, ni de burócratas eficientes. Una levadura de gente menos adecuada al paradigma de perfectibilidad que las pretensiones y la vanidad de nuestros

---

69 *Ídem.*
70 *Ídem.*

días busca en el pasado es la que construye a Venezuela. En la fábrica están esos curas libidinosos, esos cachondos hombres de Iglesia quienes, debido a su calidad de criaturas legítimas del contexto epocal, influyen en nuestra conducta como pueblo y hacen que la mujer ocupe el puesto que hoy ocupa entre la exigencia de la virtud y la solicitación de la lujuria.

DESFACHATEZ Y EPÍLOGO

En 1840 sale de la imprenta de Tomás Antero una hoja suelta que recorre las calles de Caracas. Su contenido se convierte en la comidilla de la ciudad. Se titula *Desfachatez de Eulogia Arocha, el día solemne del Viernes Santo,* y está suscrita por «Unos espectadores amantes del pudor». Veamos qué hace Eulogia Arocha para merecer el desprecio público.

Doña Eulogia llega a Catedral «con un aire afectado [...] con un lujo que manifiesta serle indiferente la opinión pública [...] y finalmente con aquella indiferencia necesaria para hacer trastornar y bombardear las virtudes que forman la reputación de una mujer casta»[1]. Pero el furor de los pudibundos no responde a la sola actitud. La entrada de la mujer al templo tiene un prólogo digno de atención, pues días antes solicitó en un tribunal la separación de su esposo «con insultantes calumnias»[2]. El intento les parece abominable y se solidarizan con el consorte «ultrajado»[3]. En cuanto pérfida, deshonesta y pecaminosa, dicen, doña Eulogia no puede ser «buena madre, tierna esposa y fiel compañera»; ni debe entrar con tanta desvergüenza a la casa de Dios[4].

---

1 Unos espectadores amantes del pudor, *Desfachatez de Eulogia Arocha, el día solemne del Viernes Santo,* Hoja suelta, Caracas, Imprenta de Tomás Antero, 1840.
2   *Ídem.*
3   *Ídem.*
4   *Ídem.*

Quien se haya preguntado por el funcionamiento de la cartilla analizada en lo anterior, encuentra una respuesta plausible en el episodio de Eulogia Arocha. La reacción que origina su actitud resume la dureza que podía caracterizar a la sociedad frente a las que se salieran de las líneas. Es, justo, lo que hace frente a la desafortunada mujer que «soluciona» a su manera un drama de incumbencia personal. Un drama privado, ciertamente, pero con un ingrediente de sexualidad e independencia que compete a los demás porque así lo ha dispuesto la enseñanza de la Iglesia, según la cual los pecados individuales no sólo acarrean la condenación de quien los comete, sino también de los que existen en la proximidad y, por lo tanto, se desedifican y contagian. Aun en el caso de aquellas faltas que no parecen excesivamente ruidosas.

Porque nadie pesca a doña Eulogia en la cama con otro, en evidente adulterio, ni en diversiones inadecuadas para una cristiana, bailando lascivamente, ni sumergida en la quimera de las novelas. Simplemente no desea yacer con su marido. En apariencia comete pecado venial, mas sólo en apariencia. En realidad su falta es de las peores, debido a que no quiere cumplir con su deber de esposa y promueve un proceso para tal efecto, en el cual presenta las pruebas que entiende pertinentes. ¿No es ése el mayor de los pecados?

La iglesia determina que la mujer ocupe una plaza inferior e inamovible: apéndice del marido y complemento de una sexualidad moderada. Por consiguiente, debe hacer por siempre vida hogareña, servir a su señor y utilizar el coito para la procreación. Le están vedadas la libertad sobre su destino y la relación por placer. Doña Eulogia irrumpe contra la preceptiva porque abandona el rol tradicional *motu proprio*. Acude a un tribunal porque resuelve montar tienda aparte. ¿Mujer con tienda aparte?

Imposible, porque se puede perder en la mala vida a la que estuvo expuesta una figura excepcional como Rosa de Lima. Porque el enemigo mundo acecha con sus ropas voluptuosas, con sus danzas libidinosas y con sus novelerías. Recuérdese cómo don Egidio Montesinos niega la posibilidad de que exista la amistad verdadera entre la mujer y el hombre, debido a la interferencia de la pasión. Recuérdese cómo las exime el obispo de los impedimentos dirimentes del matrimonio para evitar que hagan «calaberadas», o cómo castiga el señor Santeliz a su esposa por andar de callejera, o cómo los Solares encierran a Bellita en su casa de Boconó para que no pierda la adolescencia en la ventanería. Quizá los señores se han propasado al suplantar a la justicia ordinaria con su airada mano de maridos, de padres y de hermanos enfáticos, pero persiguen una meta que satisface a la Iglesia y no atribula a los vecinos. De allí que nadie tome medidas en favor de las víctimas. ¿Son víctimas, de veras? Tal vez. Sólo tal vez, porque igualmente son vistas como futuras comunicadoras del pecado de la lascivia y del pecado de la desobediencia traducidos en el desapego a la vida doméstica.

¿Mujer con tienda aparte? Imposible, porque puede poner en predicamento a individuos como el doctrinero de Altagracia, quien revive las angustias de San Pablo de sólo ver una coqueta y atrevida zapatilla tirada en la calle. ¡Qué no le pudiera pasar, si ve a la Arocha ataviada con vestidos de lujo! De allí que no se les conceda el divorcio aunque les pegue el marido, como sucede con Ramona Rodríguez en Valencia y con Luisa García en San Mateo; no en balde señala la tradición que deben mantenerse en el hogar por mandato divino para no faltar a los esposos y para no provocar a los vecindarios. Porque puede suceder otro espantoso suicidio, como aquel del joven del Loira ante la pasión desenfrenada. Bien dice el padre Castro que la mujer es flama y el hombre heno, y ya hay suficiente riesgo como para que se aparezca una nueva caja de cerillas llamada Eulogia Arocha.

Sólo debe ser de tal guisa, pues hasta los periódicos de Colombia republicana las conminan a la continencia para evitar la candela que se propaga con mayor facilidad en las regiones tropicales. Recuérdese cómo hay que vigilarlas cuando van a comulgar en las fiestas de Navidad, o cuando solicitan dispensas en la casa cural, o cuando acuden al confesonario durante la cuaresma, debido que son capaces de hacer que los curas transformen el voto de castidad en un colgajo. O cuando atontan a los hombres en los salones de sociedad, aprovechándose de la cadencia de la danza y de la dadivosidad de la ropa confeccionada por los demonios diformes. Porque en la *Reformación Cristiana* se critica a la mujer «ventanera», y ésta se pasó del zaguán y ya va por la alameda.

No debe olvidarse que esas mujeres trotadoras de la calle pueden producir ceguedad de entendimiento, dolores de pie, vahídos de cabeza y bancarrota de la hacienda. Más si son atrevidas, como la de marras. Por algo en el confesonario se detienen los sacerdotes en los pensamientos inhonestos que producen y en mil maneras de pecar que uno ni había imaginado provocadas por su existencia, hasta el extremo de convertir el sacramento en un encuentro con celosos gendarmes. Si los confesores están a la caza de tantos detalles, tan íntimos que a veces sólo un individuo los conoce y jamás se atreve a comentarlos frente a los camaradas, no debe ser por ociosidad ni por un malsano fisgoneo, sino en cumplimiento de una encomienda fundamental.

¿Mujer con tienda aparte? Reprobable operación, pues el sacramento ha hecho que su amor sea bendito de Dios, y su sexo puro y libre su vida. No en balde el matrimonio cristiano es, al unísono, abolición del pecado y abolición de la esclavitud. Así lo reconoce la gente tímida de su conciencia. No se pueden esgrimir excusas al respecto, porque hace poco lo recordaron el doctor Manzanares y el sabio Cecilio Acosta sin que les rebatieran el argumento. Cuando doña Eulogia se casó subió de escala y adquirió derechos sobre la propiedad y sobre su destino en la tierra que ni en sueños le hubieran concedido los romanos. Se juntó con un cristiano de buena voluntad, en nada parecido a esos tales Pompeyo y Catón que eran unos tiranos en la casa y creían que su consorte era su mucama.

Por consiguiente, nada bueno va a conseguir la bochornosa del Viernes Santo con el abandono de un vínculo beneficioso para el espíritu y para la prosperidad material. Hasta puede repetir las tragedias paganas de Helena y Fedra, en lugar de seguir el ejemplo de doña Fulana Castillo, la de San Fernando de Apure, matrona sin delirios a quien jamás le ha pasado por la cabeza el desvarío de no dormir todas las noches en la sosegada compañía del marido. A no dudar cómo se debe la encomiable inclinación a que jamás ha puesto un pie en becerradas, fandangos, comedias, asuetos, bullas y corrinchos que pueden incitar, entre otras vagabunderías, a la tentación de la independencia. Nadie le pide a Eulogia Arocha que sea como Teotiste Briceño, heroica en el ejercicio de las virtudes, pero, ya que le pasó la feliz hora de morir niña y virgen, como Hersilia Giusseppi, por lo menos tiene la obligación de disimular las pasiones.

¿Mujer con tienda aparte? Imposible, porque no es tan lista como el hombre. Al contrario, es débil de inteligencia. Le cuesta entender las pláticas ordenadas por Monseñor Ibarra y no sabe de cuestiones políticas, como puede comprobarse en la opinión del Arzobispo Coll y Prat. Hace de la vida un revoltillo por su incapacidad para comprender el liberalismo o cualquier bandería, de acuerdo con lo que está dispuesto a jurar el mitrado Fernández Peña. En atención al limitado vigor de sus neuronas, es presa fácil de los escritos de moda, esas tales novelas ahora tan procuradas que cambian la realidad por descabelladas fantasías, que invitan a fraguar un episodio de heroínas emancipadas y caballeros intrépidos imposible de suceder en el mundo.

No hay dudas sobre tal limitación, pues carece de la capacidad de los hombres para entender los rudimentos de aritmética y de geografía, según aseguran los representantes del Círculo Católico de La Candelaria, quienes no deben andar descaminados porque coinciden con el celebrado científico Luis López Méndez. Él, que es un hombre de métodos objetivos, de esos que causan admiración en la universidad, les sabe las diminutas medidas del cerebro y relata episodios verídicos sobre su torpeza en el ejercicio de las profesiones liberales, así como garantiza que está hecha a la medida para dulcificar el hogar. Que nadie diga, entonces, que el verla con sensatez metida en la casa es cosa de beatos y de godos.

Además, como bien dice el Gobernador Eclesiástico Manuel Vicente de Maya, es veleidosa en extremo, y pueril y vana, lo cual es tan evidente que no sólo lo garantizan los curas, sino los muchachos liberales de Barquisimeto, un hombre serio como Feliciano Montenegro y un consejero de buenas intenciones llamado Antonio Picón. Sin el gobierno de su esposo, por tanto, la Arocha hará de su vida un desatino. Al separarse del régimen casero será un nuevo cometa indescifrable en el cielo caraqueño, que ya astros errantes debe tener a montón. No puede, pues, montar tienda aparte.

En el episodio está en juego la encomienda de la maternidad, que trasciende lo individual para convertirse en un fenómeno colectivo y espiritual. Si las virtudes primordiales que deben mostrar los niños en la vida cotidiana para bien de la patria dependen de la vigilancia materna, ninguna mujer casada debe cambiar un servicio comunitario por la mira egoísta de estrenar vida nueva. Aparte de producir el deplorable espectáculo de una casa de familia sin aseo ni gobierno, y de un marido carente de la debida atención, la proliferación de desviaciones como la de doña Eulogia puede traducir un perjuicio en la instrucción de la juventud. Y como Dios entrega sus criaturas al cuidado de la madre, las señoras casadas deben responder de su obligación ante el Creador. Un caso flagrante de desfachatez puede colocar a los niños en la antesala del infierno, lo cual significa la mayor traición a las disposiciones metafísicas. Dios y los hombres necesitan madres para la armonía del universo, y desprecian a aquellas que en esta ocasión se resumen en la insolencia de una oscura feligresa de Caracas.

La insolente actitud es, en efecto, la maldad encerrada en la acción de Eulogia Arocha. Desprecia el juicio del entorno para inaugurarse como hembra emancipada. No le importa la opinión del clero, fiscal de los pasos de las pecadoras, para pensar en una suerte diferente. O cree no faltar a la ley de la Iglesia, hasta el punto de asistir a las devociones durante el apogeo de la cuaresma en un día tan solemne como el Viernes Santo. Sea lo que fuere, su entrada altiva con ajuar de gala mientras en el templo recargado de crespones se conmemora la muerte del redentor, es el desafío más altanero al discurso de la sumisión, el reto más arrogante contra la pauta que la mantiene a raya.

El templo tiene carácter simbólico en la pequeña historia. Lleno de penitentes en la liturgia del crucificado, resume el poder de una institución ocupada del control femenino desde su establecimiento en el período de la conquista. Compendia el influjo de una institución que otorga el pasaporte oficial para el más allá, si en este valle de lágrimas han cumplido ellas con los diez mandamientos y han ejercitado de manera notoria las virtudes cardinales y teologales que refleja el ejemplo supremo: María Santísima, madre de Dios, esposa casta y sumisa concebida sin mancha de comercio sexual. De la imitación de su tránsito depende la suerte de todas las mujeres.

No pocas veces el mensaje sale de los labios de un fraile libertino, pero el detalle no tiene importancia. ¡Cuántas veces no predicaría contra la lujuria el párroco de Morrones! Seguramente el pastor de Guatire le arrojaba dicterios a la concupiscencia en la homilía dominical, mientras sus bastardos retozaban en el presbiterio. Los sermones del enamorado padre Montesinos debieron ser edificantes, no en balde accede a la dignidad de Medio Racionero de la catedral. De seguro el párroco de Sanare administraba la eucaristía luego de departir con las queridas que tenía en su casa de habitación, frente a la plaza del pueblo y frente al templo. Muchas veces se comportaban los ministros del santuario como guapetones de arrabal, recurriendo a la violencia y a la vulgaridad para evitar que los alejaran de la hembra placentera. Pero un cura pecador es un simple accidente del discurso legítimo que debe cumplirse por siempre. Se le puede encausar si escandaliza a las ovejas, pero la palabra que pronuncia sobre la conducta social tiene vigencia absoluta. La variación del tiempo obliga a retocar el mensaje para que circule en un mundo torcido por aires extraños −no en balde se vive el siglo del liberalismo y de otros movimientos revulsivos que le quitan el sueño al pontífice y a sus representantes en Venezuela, los obispos de Caracas, Mérida de Maracaibo y Guayana−, pero su propósito de sujetar a la criatura deleznable es el mismo del pasado remoto.

Tal es la fuente que ayer nomás bebieron nuestros abuelos, quienes sin duda se hubieran indignado ante el despropósito de Eulogia Arocha. Seguramente ellos escucharan discursos como los de Alirio Díaz Guerra en el instituto de las hermanas Chitty cuando asistieron a la graduación de sus hijas y de sus sobrinas, en los cuales se promovían la continencia y la docilidad de las párvulas. ¡Cuántas veces no comentarían con entusiasmo palabras como las que dijo el licenciado Calcaño en el Colegio Chávez sobre los defectos de la femineidad! Quizá hubiesen anhelado tener entre la parentela una Amanda Arrabal, aclamada por sus virtudes en el acto de fin de curso. Acaso pensaran alguna vez en tramitar una plaza para las niñas en el Beaterio, de sólo ver lo fuertes y derechas que eran sus educandas. No es peregrino imaginarlos repitiendo los versos publicados por Arbonio Pérez en *El Monitor* contra la mujer que el adulterio convertía en «impúdica ramera»; o celebrando la «inspiración» de Diego Jugo Ramírez, que publicaba *La Opinión Nacional* como advertencia frente a las pompas de Satanás.

Seguramente no pocas veces se salieran del carril para aproximarse al fuego abrasador; al fin y al cabo eran cosa distinta, eran hombres, y hasta los hombres que llevaban tonsura se tomaban idéntica licencia sin pagar los corolarios de la transgresión. Pero cometían en sigilo el pecado de la carne, para que la publicidad de la falta no los exhibiera como violadores de un discurso que debía mantenerse libre de enmiendas, no sólo porque sus administradores permitían los deslices de los varones sin que la tierra se estremeciera, sino también porque custodiaban una simetría social que se debía conservar en esencia, independientemente de las mudanzas sugeridas por los voceros del siglo liberal.

Por último, es legítimo pensar que alguna vez los antepasados se detuvieran en la idea que subyace en multitud de discursos, referida al peligro de control colectivo representado por las mujeres. Acaso fuera un temor superior al que debía producir la concupiscencia; un temor presente en diversas manifestaciones de la cotidianidad, debido a que hacia finales de la centuria se expresa sin subterfugios en *El Pastor* y en *Luz del hogar*. Los periódicos piadosos no debieron sacar los argumentos de una torre de marfil, sino de la opinión de la autoridad eclesiástica y de los sentimientos de los lectores que viven el ensayo de formas de sociabilidad distintas a las del pasado. ¿No se aclimata, en esas flamantes maneras de relacionarse, un engendro con faldas que abandona la vida doméstica para dominar a los varones? Si nuestros abuelos llegaron a pensarlo en la intimidad de sus conciencias, podían confirmar la sospecha en el pasquín redactado por unos espectadores amantes del pudor y en la prensa de 1898.

En consecuencia, Eulogia Arocha y todas aquellas que se le parecieran debieron ser para ellos la encarnación de la desfachatez, por lo menos. Las que se salían del libreto no podían siquiera esperar la comprensión de los más allegados, la solidaridad pública de los amigos que antes las acompañaban con afecto en la vida. Esa comprensión estentórea no cabía en el molde impuesto por las convenciones del siglo XIX venezolano. No sólo por la influencia de la fe que manaba del Dios verdadero repetida a diario por la clerecía desde el púlpito, desde el confesonario y a través de la imprenta, sino por la orientación general de las prácticas renuentes a cambiar mientras se sucedían los gobiernos y los cambios políticos.

¿Conductas superadas? ¿Discursos decrépitos? Pese a que desde entonces la sociedad ha protagonizado una carrera que supera los cien años, gracias a la cual ha salido la mujer de un antiguo y áspero confinamiento, yo no me atrevería a afirmarlo.

FUENTES

DOCUMENTOS MANUSCRITOS

Archivo Arquidiocesano de Caracas

a) Sección *Episcopales*, Legajos 34, 37, 38, 39, 41, 47, 48, 51, 52 y 53.
b) Sección *Judiciales*, Legajos 83, 123, 124, 125, 129, 135, 144, 148, 149, 150, 151, 167, 168, 169 y 170.
c) Sección *Matrimoniales*, Legajos 1102, 38, 139, 141, 142, 143, 145, 150, 167, 168, 169, 250, 251, 261, 262, 281, 282, 290, 328 y 329.

Archivo Parroquial de Boconó

Material sin clasificar. *Libros parroquiales*, 1800-1810.
Material sin clasificar, *Libros de gobierno de la parroquia de San Alejo*, 1805-1814.

FUENTES PRIMARIAS IMPRESAS

ACOSTA, Cecilio (1961), «Reflexiones políticas y filosóficas sobre la historia de la sociedad desde su principio hasta nosotros». Germán Carrera Damas, *Historia de la historiografía venezolana. Textos para su estudio,* Caracas, Universidad Central de Venezuela, Ediciones de la Biblioteca Central.

ALEXANDRIS, Cayetano (1728), *Confessarius Monialum. Commoda, Brevi, Practica Methodo Infructus,* Venetius, Tipographia Bulleoniana.

ARBIOL, Antonio (1897), *Estragos de la lujuria y sus remedios conforme a las divinas escrituras y Santos Padres de la Iglesia,* México, Librería Religiosa Herrero Hermanos.

ARCINIEGAS, Manuel de (1785), *Método práctico de hacer fructuosamente confesión general de muchos años,* Madrid, Imprenta de Benito Cano.

BARALT, Rafael María y Ramón Díaz (1983), *Resumen de la Historia de Venezuela,* Caracas, Ediciones de la Presidencia de la República.

CAJIGAL, Juan Manuel (1960), *Memorias del Mariscal de Campo don Juan Manuel de Cajigal sobre la revolución de Venezuela,* Caracas, Junta Superior de Archivos.

CALATAYUD, Pedro (1749), *Méthodo práctico y doctrinal, dispuesto por preguntas y respuestas,* Valladolid, Imprenta Congregación.

CARREÑO, Manuel Antonio y Manuel María Urbaneja (1849), *Catecismo razonado, histórico y dogmático, redactado según los catecismos de Ayme, de Fleury y de la diócesis de París; y dispuesto bajo un nuevo plan para el uso de los colegios y escuelas de ambos sexos, y para servir a los ejercicios doctrinales de las parroquias, por el Abad Theron,* Caracas, Imprenta de Valentín Espinal.

CASTRO, Francisco de (1853), *Reformación Cristiana. Así del pecador como del virtuoso,* Madrid, Librería de Ángel Calleja.

COLL y PRAT, Narciso (1960), *Memoriales sobre la independencia de Venezuela,* Caracas, Academia Nacional de la Historia, Colección Sesquicentenario de la Independencia.

CONSEJERO LISBOA (1986), *Relación de un viaje a Venezuela, Nueva Granada y Ecuador,* Caracas, Fundación Promoción Cultural de Venezuela.

CORELLA, Jaime de (1751), *Práctica de el confesonario y explicación de las sesenta y cinco proposiciones condenadas por la*

Santidad de N. SS. P. Inocencio XI, Madrid, Imprenta de los herederos de la viuda de Juan García Infanzón.

DELGADO, Santiago (1833), *Catecismo de urbanidad civil y cristiana para uso de las escuelas,* Caracas, Imprenta de Fermín Romero.

DÍAZ, José Domingo (1961), *Recuerdos sobre la rebelión de Caracas,* Caracas, Sesquicentenario de la Independencia, Biblioteca de la Academia Nacional de la Historia.

GARCÍA MAZO, Santiago José (1843), *El catecismo de la doctrina cristiana,* Caracas, Imprenta de Valentín Espinal.

GERSTACKER, Friedrich (1968), *Viaje por Venezuela en el año 1868,* Caracas, Universidad Central de Venezuela.

GIBERGUES, Abate de (1917), *La Castidad,* Introducción de J. M. Núñez Ponte, Caracas, Empresa El Cojo.

GONZÁLEZ GUINÁN, Francisco (1918), *El consejero de la vida,* Caracas, Librería Española.

HEREDIA, José Francisco, *Memorias del Regente Heredia,* Madrid, Biblioteca Ayacucho, Editorial América.

LEVEL DE GODA, Andrés (1969), «Memorias». *Anuario* del Instituto de Antropología e Historia, Facultad de Humanidades, Universidad Central de Venezuela, vol. II.

LIBRERÍA de Miguel Tomel (1885), *Propaganda de lecturas gratuitas,* Lista de la librería Católico-Literaria de Miguel Tomel y Olmos, de Madrid, Caracas, hoja suelta.

LIMARDO, José de la Cruz (1960) «Memorias del Dr. José de la Cruz Limardo». *Boletín* de la Academia Nacional de la Historia, Caracas, N° 128.

LÓPEZ MÉNDEZ, Luis (1992), «Los derechos políticos de la mujer». *Obras Completas. Política y Literatura,* Caracas, Biblioteca de Autores y Temas Tachirenses.

MANZANARES, José del Carmen (1887), *Libertad de la mujer por el cristianismo,* Curazao, Imprenta de la Librería de A. Bethencourt e Hijos.

MOEBIUS, Paúl Julios (1982), *La inferioridad mental de la mujer,* Barcelona, Editorial Bruguera.

MONTENEGRO y COLON, Feliciano (1841), *Lecciones de buena crianza moral,* Caracas, s/e.

_____. (1960), *Historia de Venezuela,* Caracas, Academia Nacional de la Historia.

MONTESINOS, Egidio (1896), *Consejos de un padre a sus hijos,* Curazao, Imprenta de la Librería de A. Bethencourt e Hijos.

MICHELENA, Guillermo (1851), *Catecismo del verdadero republicano o del hombre emancipado,* Caracas, Imprenta de George Corser.

NAVARRO, Nicolás (Compilador,1932), *El Arzobispo Guevara y Guzmán Blanco. Documentación relativa al conflicto entre la Iglesia y el Estado habido en Venezuela bajo el gobierno de estos dos personajes (1870-1876),* Caracas, Tipografía Americana.

_____. (Compilador, 1960), *El cabildo metropolitano de Caracas y la guerra de emancipación,* Caracas, Sesquicentenario de la Independencia, Biblioteca de la Academia Nacional de la Historia.

PÁEZ, José Antonio (1946), *Autobiografía del General José Antonio Páez,* Nueva York. Ediciones del Ministerio de Educación Nacional.

PALACIO FAJARDO, Manuel (1953), *Bosquejo de la revolución en la América Española,* Caracas, Publicaciones de la Secretaría General de la X Conferencia Interamericana, Colección Historia.

PICÓN, Antonio (1890), *Reglas y máximas para vivir bien y mejorar de condición: sociales, políticas, económicas y mercantiles, morales y religiosas, y especiales contra la avaricia,* Mérida, Imprenta de J. de D. Picón.

QUINTERO, Domingo (1840), *De las obligaciones del hombre,* Caracas, s/e.

RAMÍREZ, Ramón (1855), *El cristianismo y la libertad. Ensayo sobre la civilización americana*, Caracas, Imprenta de Valentín Espinal.
ROSTI, Pal *(1968), Memorias de un viaje por América,* Caracas, Universidad Central de Venezuela.
ROJAS, Hermanos (1857-1860), *Boletín de Avisos,* Caracas, s/e.
SCARAMELLI, Juan Bautista *(1793), Discernimiento de los espíritus, para gobernar rectamente las acciones propias y las de otros,* Madrid, Don Ramón Cruz.
SILVA, Antonio Ramón (1922), *Documentos para la historia de la Diócesis de Mérida,* Mérida, Imprenta Diocesana, 6 vols.
SORIANO, Jesús María (1882), *Catón Cristiano de San Casiano,* Caracas, Ediciones Santa Ana y Compañía.
VAWEL, Richard (1973), *Las sabanas de Barinas,* Caracas, Academia Nacional de la Historia.
VILLANUEVA, Joaquín Lorenzo (1841), *Catecismo Moral,* Caracas, Imprenta de Valentín Espinal.
UNOS ESPECTADORES amantes del pudor (1840), *Desfachatez de Eulogia Arocha el día solemne del viernes santo,* Caracas, Hoja Suelta, Imprenta de Tomás Antero.
URDANETA, Amenodoro (1884), *La Fe Cristiana. Consideraciones sobre la «Revolución Religiosa» de Emilio Castelar,* Barcelona, Imprenta de Luis Tasso y Serra.
URQUINAONA y PARDO, Pedro *(s/f), Memorias de Urquinaona,* Madrid, Editorial América, Biblioteca Ayacucho.

PUBLICACIONES PERIÓDICAS

Bodas de Plata, Caracas, 1896.
Crónica Eclesiástica de Venezuela, Caracas, 1855-1856.
El Áncora. Diario Católico, Caracas, 1887-1888.
El Álbum del Hogar, Caracas, 1890.
El Canastillo de Costura, Caracas, 1826.

El Cristus, Caracas, 1897.
El Eco Religioso, Caracas, 1892-1899.
El Mensajero Católico, Caracas, 1899.
El Paladín Católico, Caracas, 1899.
El Pastor, Caracas, 1888-1889.
El Verbo. Órgano de la juventud liberal, Barquisimeto, 1889.
El Vigilante. Diario Católico, Caracas, 1890.
Gaceta de Carabobo, Valencia, 1838.
La Atalaya, Caracas, 1885.
La Guirnalda. Dedicada a las hermosas venezolanas, Caracas, 1840.
La Limosna, Rubio, 1876.
La Opinión Nacional, Caracas, 1870-1875.
La Verdad Católica, Caracas, 1899.
La Voz de la Cuaresma, Caracas, 1890.
La Voz Católica. Bajo el patrocinio de Jesús Sacramentado, Porlamar, 1899.
Publicación Religiosa, La Victoria, 1888.
Luz del Hogar, Caracas, 1898.

FUENTES AUXILIARES

AGUILERA, Delfín (1979), *Memorias de un prócer de la federación boba,* Caracas, Ediciones Centauro.

ALBERRO, Solange (1988), *Inquisición y sociedad en Nueva España,* México, Fondo de Cultura Económica.

ALTOLAGUIRRE y DUVALE, Ángel (1932), *Gobierno espiritual y temporal de las Indias,* Madrid, s/e.

ARIES, Philippe y Georges Duby (Coordinadores, 1989), *Historia de la vida privada. De la Europa feudal al Renacimiento,* Madrid, Taurus, vol. 2.

ARMAS CHITTY, José Antonio (1969), *Vida política de Caracas en el siglo XIX,* Caracas, Colección Vigilia, Ediciones del Ministerio de Educación.

ARRIETA, Luis y otros (1991), *Los catecismos en Venezuela*, Caracas, Instituto Universitario Seminario Interdiocesano Santa Rosa de Lima, Edic. Mimeográfica.
AUBERT, R. (1952), *Le pontificat de Pie IX (1846-1878)*, Paris, Col. Histoire de L'Eglise, N° 21, Bloud et Gay.
AZPÚRUA, Ramón (1987), *Biografía de hombres notables*, Caracas, Imprenta Nacional, 4 vols.
BARNOLA, Pedro Pablo (1943), «El primer catecismo impreso en Venezuela». *SIC*, N° 57, tomo 6.
BARTHE, Hans (1951), *Verdad e ideología*, México, Fondo de Cultura Económica.
CALCAÑO, Eduardo (1881), *Panegírico del Illmo. Sr. Dr. Francisco de Ibarra y Herrera*, Caracas, Imprenta de la Gaceta Oficial.
CANTIMORI, Daniel (1967), *Eretici italiani del Cinquecento*, Florcocia.
CARO BAROJA, Julio (1965), *El carnaval. Análisis histórico-cultural*, Madrid, Taurus.
CASTRO, Juan Bautista (1898), *La Reverenda Madre María Teresa de las Llagas y la extinción de los conventos de religiosas en Caracas*, Caracas, s/e.
CARRERA DAMAS, Germán (1969), *Temas de historia social y de las ideas*, Caracas, Universidad Central de Venezuela, Ediciones de la Biblioteca Central.
_____. (Compilador, 1961), *Historia de la historiografía venezolana. Textos para su estudio*, Caracas, Universidad Central de Venezuela, Ediciones de la Biblioteca Central.
CARTAYA, Humberto (1991), *El Sínodo de Caracas. Un modelo de evangelización*, Caracas, Universidad Católica Andrés Bello, Edic. Mimeográfica.
CASTAÑEDA, Carmen (1991), «La formación de la pareja y el matrimonio». *Familias novohispanas. Siglos XVI al XIX*, México, El Colegio de México.

CASTRO, Enrique María (1888), *Historia de los obispos de Mérida de Maracaibo*, Valencia, Tipografía de Fernando Rodríguez.
DEL REY FAJARDO, José (1971), *Bio-bibliografía de los jesuitas en Venezuela*, Caracas, Ediciones de la Universidad Católica «Andrés Bello».
DELUMEAU, Jean (1989), *El miedo en Occidente*, Madrid, Taurus.
DENZINGER, Enrique (1955), *El magisterio de la Iglesia. Manual de símbolos, definiciones y declaraciones de la Iglesia en materia de fe y costumbres*, Barcelona, Editorial Herder.
DÍAZ ROIG, Mercedes (1990), *Romancero tradicional de América*, México, El Colegio de México.
DÍAZ SÁNCHEZ, Ramón (1969), *Guzmán, elipse de una ambición de poder*, Caracas, Edime, 2 vols.
DICCIONARIO DE DERECHO CANÓNICO (1854), París, Librería de Rosa y Bouret.
DOMÍNGUEZ COMPAÑY, Francisco (1985), *Estudio sobre las instituciones locales hispanoamericanas*, Caracas, Academia Nacional de la Historia.
FEIJOO, Benito Jerónimo (1863), «Defensa de las mujeres». *Obras Escogidas*, Madrid, Imprenta de Rivadeneyra, vol. 56.
FERNÁNDEZ HERES, Rafael (1987), *La instrucción pública en el proyecto político de Guzmán Blanco*, Caracas, Academia Nacional de la Historia.
FIGUERA, Guillermo (1960), *La Iglesia y su doctrina en la Independencia de América*, Caracas, Academia Nacional de la Historia.
FLANDRIN, Jean Louis (1981), *Le sexe et L'Occident. Evolution des comportements*, Paris, Editions du Seuil.
FLOYD, Mary (1988), *Guzmán Blanco. La dinámica de la política del Septenio*, Caracas, Instituto Autónomo Biblioteca Nacional, Fundación para el Rescate del Acervo Documental.
FOUCAULT, Michel (1986), *Vigilar y castigar. El nacimiento de la prisión*, Madrid, Siglo XXI,
FRAGER, H. (1907), *Silvestre Guevara y Lira*, Caracas, Tipografía Washington.

GALLEGOS, Manuel Modesto (1926), *Memorias del General Manuel Moreno Gallegos*, Caracas, Tipografía Americana.
GARCÍA VILLOSLADA, R. (1969), *Raíces históricas del luteranismo*, Madrid, Aguilar.
GÓMEZ R, Carmen (1992), *Pedro Obregón: política, corrupción y riqueza.*, Caracas, Colección Medio Siglo de la Contraloría, Ediciones de la Contraloría General de la República.
GONZÁLEZ GUINÁN, Francisco (1954), *Historia Contemporánea de Venezuela,* Caracas, Ediciones de la Presidencia de la República, 15 vols.
_____. (1964), *Mis memorias,* Caracas, Imprenta Nacional.
GONZÁLEZ OROPEZA, Hermann (1977), *Iglesia y Estado en Venezuela,* Caracas, Universidad Católica Andrés Bello.
GONZALVO AIZPURU, Pilar (1987), *Las mujeres en la Nueva España. Educación y vida cotidiana,* México, El Colegio de México.
_____. (Coordinadora, 1991), *Familias novohispanas. Siglos XVI al XIX,* México, El Colegio de México.
_____. (1984), «Política cristiana o educación elitista: un dilema en la Nueva España del siglo XVI». *Historia Mexicana,* N° 131.
GRASES, Pedro (1983), «Valentín Espinal, 1803-1866». *Estudios bibliográficos,* Barcelona, Seix Barral, vol. X.
GUERRERO, Luis Beltrán (1992), Estudio Preliminar a Luis López Méndez», *Obras Completas. Política y Literatura,* Caracas, Biblioteca de Autores y Temas Tachirenses.
LANGUE, Frederique (1991), *Diversiones y devoción popular en Venezuela colonial,* Caracas, Edic. mimeográfica.
_____. (1992), *De moralista a arbitrista: Don Francisco de Ibarra, obispo de Venezuela* (1798- *1806),* Sevilla, Separata del Suplemento de Anuario de Estudios Americanos.
LAVRIN, Asunción, (Coordinadora, 1991), *Sexualidad y matrimonio en la América Hispánica,* México, Consejo Nacional para la Cultura y las Artes.

LEAL, Ildefonso (1963), *Historia de la Universidad de Caracas,* Caracas, Ediciones de la Biblioteca Central de la UCV.

LEPES, Edmund (1990), *La invención de la mujer casta,* Madrid, Siglo XXI Editores.

LETURIA, Pedro (1959), *Relaciones entre la Santa Sede e Hispanoamérica,* Caracas, Sociedad Bolivariana de Venezuela, 3 vals.

LE ROY LADURIE, Enmanuel (1979), *La carnaval de romans,* París, Gallimard.

LEVEL DE GODA, Luis (1893), *Historia contemporánea de Venezuela, política y militar,* Barcelona, Litografía de José Cunill Sala.

MARTÍ, Mariano (1989), *Documentos relativos a la visita pastoral de la Diócesis de Caracas (1774* -1784), Caracas, Academia Nacional de la Historia, 6 vols.

MARTÍN GAITE, Carmen (1981), *Usos amorosos del XVIII en España,* Barcelona, Editorial Lumen.

MAURIAN, J. (1930), *La politique ecclesiastique du Second Empire de 1852 01869,* Paris.

MAC CAFFREY L (1930), *History of the Catholic church in the XIXth century* (1864-1878), Londres, Parrish.

MUJICA, Héctor (1982), *La historia en una silla,* Caracas, Universidad Central de Venezuela, Ediciones de la Biblioteca.

MURIEL, Josefina (1974), *Los recogimientos de mujeres,* México, Universidad Nacional Autónoma de México.

NAVARRO, Nicolás Eugenio (1929), *Anales eclesiásticos venezolanos,* Caracas, Tipografía Americana.

OTS CAPDEQUI, José María (1920), *Bosquejo histórico sobre los derechos de la mujer en la legislación de Indias,* Madrid, s/e.

PACHECHO, Juan y otros (1981), *Historia general de la Iglesia en América Latina,* Bogotá, Edil. Sigueme, vols. VII y VIII.

PINO ITURRIETA, Elías (1971), *La mentalidad venezolana de la emancipación (1810-1812),* Caracas, Instituto de Estudios Hispanoamericanos, Universidad Central de Venezuela.

_____. (1992), *Contra lujuria, castidad. Historias de pecado en el siglo XVIII venezolano*, Caracas, Alfadil Ediciones.
_____. y Pedro Enrique Calzadilla (1992), *La mirada del otro. Viajeros extranjeros en la Venezuela del siglo XIX*, Caracas, Fundación Bigott.
_____. (1993), *Las ideas de los primeros venezolano*. Caracas, Colección Estudios, Monte Ávila Editores Latinoamericana.
PORTILLA, Jorge (1984), *Fenomenología del relajo*, México, Fondo de Cultura Económica.
RESINES, Luis (1987), *Catecismos de Astete y Ripalda*, Madrid, Biblioteca de Autores Cristianos.
RIAL MOSQUERA, Alicia (1982), *Génesis y evolución del Colegio Beaterio de niñas educandas de Valencia del Rey*, Caracas, Escuela de Historia, UCV, Monografía de Grado, Edición mimeográfica.
RODRÍGUEZ, José Santiago (1976), *Contribución al estudio de la Guerra Federal en Venezuela*, Caracas, Ediciones de la Presidencia de la República, 2 vols.
RONDÓN MÁRQUEZ, R. A. (1952), *Guzmán el autócrata civilizador. Parábola de los partidos políticos en Venezuela*, Madrid, Imprenta de García Vicente, 2 vols.
SCHWALLER, Frederick (1991), «La identidad sexual: familia y mentalidades a fines del siglo XVI». *Familias novohispanas. Siglos XVI al XIX*, México, El Colegio de México.
SEED, Patricia, (1991), *Amar, honrar y obedecer en el México colonial*, México, Consejo Nacional para la Cultura y las Artes.
SOLE, Jacques (1976), *L 'amour en Occident. Epoque Moderne*, Paris, Albil Michel.
SURIÁ, Jaime (1967), *Iglesia y Estado 1810-1821*, Caracas, Ediciones del Cuatricentenario de Caracas.
TALAVERA, Abraham (1973), *Liberalismo y educación*, México Sepsetentas.

VAUGRAN, Edgar (1989), *Joseph Lancaster en Caracas*, Caracas, Ediciones del Ministerio de Educación, vol. 11.

VELÁSQUEZ, Ramón J. (1972), *La caída del liberalismo amarillo. Tiempo y drama de Antonio Paredes*, Caracas, Ediciones de la Contraloría General de la República, Colección Historia.

VERACOECHEA, Ermila (1983), *Historia de las cárceles en Venezuela*, Caracas, Academia Nacional de la Historia.

_____. (1990), *Indias, esclavas, mantuanas y primeras damas*, Caracas, Alfadil Ediciones.

VILARRASA, Eduardo y Emilio Moreno (1971), *Pío IX. Historia documentada de su vida y de los veinte y cinco primeros años de su glorioso pontificado*, Barcelona, Librería Religiosa y Científica, 2 vols.

VIQUEIRA ALBÁN, Juan Pedro (1987), *¿Relajados o reprimidos?*, México, Fondo de Cultura Económica.

VIZMANOS, Francisco (1949), *Las vírgenes cristianas de la iglesia primitiva*, Madrid, Biblioteca de Autores Cristianos.

www.ingramcontent.com/pod-product-compliance
Lightning Source LLC
LaVergne TN
LVHW091259080426
835510LV00007B/329